汽车发动机机械维修

主　编　夏胜权

北京理工大学出版社
BEIJING INSTITUTE OF TECHNOLOGY PRESS

内 容 简 介

本书根据汽车类专业教学标准及从事汽车职业的在岗人员对基础知识、基本技能和基本素质的需求，结合汽车专业人才培养的目的，重点介绍发动机总体构造与维修基础知识、曲柄连杆机构、配气机构、发动机冷却系统、发动机润滑系统、发动机燃油供给系统、发动机的装配与调试等内容。

全书讲解清晰、简练，配有大量的图片，明了直观。本书按照汽车维修作业项目的实际工艺过程，结合目前职业院校流行的模块化教学的实际需求，理论联系实际，重视理论，突出实操。

本书适合作为职业院校汽车专业教材，也可作为汽车售后服务站专业技术人员的培训教材。

图书在版编目（CIP）数据

汽车发动机机械维修 / 夏胜权主编 . —北京：北京理工大学出版社，2016.8
ISBN 978-7-5682-2735-3

Ⅰ . ①汽…　Ⅱ . ①夏…　Ⅲ . ①汽车 – 发动机 – 机械维修 – 技术培训 – 教材
Ⅳ . ① U472.43

中国版本图书馆 CIP 数据核字（2016）第 183655 号

出版发行 / 北京理工大学出版社有限责任公司
社　　　址 / 北京市海淀区中关村南大街 5 号
邮　　　编 / 100081
电　　　话 /（010）68914775（总编室）
　　　　　　82562903（教材售后服务热线）
　　　　　　68948351（其他图书服务热线）
网　　　址 / http：//www.bitpress.com.cn
经　　　销 / 全国各地新华书店
印　　　刷 / 北京佳创奇点彩色印刷有限公司
开　　　本 / 787 毫米 × 1092 毫米　1/16
印　　　张 / 14.25　　　　　　　　　　　　　　　责任编辑 / 封　雪
字　　　数 / 330 千字　　　　　　　　　　　　　文案编辑 / 张鑫星
版　　　次 / 2016 年 8 月第 1 版　2016 年 8 月第 1 次印刷　　　责任校对 / 周瑞红
定　　　价 / 39.80 元　　　　　　　　　　　　　责任印制 / 边心超

图书出现印装质量问题，请拨打售后服务热线，本社负责调换

前言 PREFACE

截至 2015 年 6 月，我国汽车保有量已经突破了 1.63 亿辆。这是我国连续 5 年成为全球最大的车市。在这种形势下，汽车维修、售后服务以及汽车销售人才所存在的缺口问题越来越严重。特别是建立在先进传感技术基础上的故障诊断系统在各种汽车上大量应用之后，各种现代化检测诊断仪器和维修技术也应运而生，现代汽车已发展成为机电一体化的高科技载体。这给汽车维修业带来了极大的机遇和挑战，同时也对汽车维修人员的技术水平提出了更高、更新的要求。

同时，为了解决学生学不懂、学习兴趣不浓、教材内容枯燥乏味，老师不好教等问题，北京理工大学出版社特邀请一批知名行业专家、学者以及一线骨干老师结合新的专业教学标准，规划出版了该套图解版汽车职业教育系列教材。

本系列教材坚持如下定位：

✧ 以就业为导向，培养学生的实际运用能力，以达到学以致用的目的；

✧ 以科学性、实用性、通用性为原则，以使教材符合职业教育汽车类课程体系设置；

✧ 以提高学生综合素质为基础，充分考虑对学生个人能力的提高；

✧ 以内容为核心，注重形式的灵活性，以便于学生接受。

本系列坚持理论知识图解化的基本理念，教材配有大量的插图、表格和立体化教学资源，介绍了大量的故障诊断、维修服务和营销案例。

✧ 在内容上强调面向应用、任务驱动、精选案例、严控质量；

✧ 在风格上力求文字简练、脉络清晰、图表明快、版式新颖；

✧ 在理论阐述上，遵循"必需""够用"的原则，在保证知识体系相对完整的同时，做到知识讲解实用、简洁和生动。

汽车发动机结构虽然复杂、类型繁多，但目前各国生产的商业化汽车，除了部分新能源汽车外，仍然是主要以活塞式内燃机为动力的传统结构，各个组成系统或者部件的结构形式虽然不同，但功能要求相同。本书通过对典型汽车发动机的实例进行结构和维修的分析阐述，使读者在较为深入地掌握汽车发动机结构一般规律的基础上，能够举一反三、触类旁通。

本书共分为7个课题，包括发动机总体构造与维修基础知识、曲柄连杆机构、配气机构、发动机冷却系统、发动机润滑系统、发动机燃油供给系统、发动机的装配与调试等内容。

本书图文并茂、通俗易懂，适合作为职业院校汽车专业教材，也可作为汽车售后服务站专业技术人员的培训教材。

由于作者水平有限，书中可能会有疏漏和不妥之处，欢迎读者批评指正。

编　者

目录 *CONTENTS*

课题一
发动机总体构造与维修基础知识

⬤ 学习任务

1. 掌握发动机的总体构造。
2. 掌握发动机的分类方式。
3. 掌握发动机的工作原理。
4. 认识发动机维修的常用、专用工具及其使用方法。
5. 认识发动机维修量具及其使用方法。

⬤ 技能要求

1. 能够说出发动机的组成和各部分功用。
2. 能够描述发动机的工作原理。
3. 能够规范使用发动机维修的常用、专用工具。
4. 能够利用量具测试发动机各零件。

任务一　发动机的总体认识

一、发动机的总体构造

发动机是将某一种形式的能量转换为机械能的机器，其原理是将液体或气体的化学能通过燃烧后转化为热能，再把热能通过膨胀转化为机械能并对外输出动力。发动机是一部由多个机构和系统组成的复杂机器，其结构形式多种多样，但由于基本工作原理相同，所以其基本结构也大同小异。发动机的总体结构如图 1-1 所示。

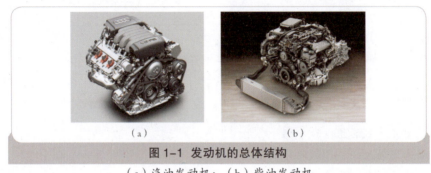

（a）　　　　　　　　　　　（b）

图 1-1　发动机的总体结构

（a）汽油发动机；（b）柴油发动机

汽油发动机通常由曲柄连杆机构、配气机构（两大机构）和燃油供给系统、冷却系统、起动系统、点火系统、润滑系统（五大系统）组成。柴油发动机通常由两大机构和四大系统组成（无点火系统）。

1. 曲柄连杆机构

曲柄连杆机构的作用是提供燃烧场所，把燃料燃烧后作用在活塞顶上的膨胀压力转变为曲轴旋转的转矩，不断输出动力。曲柄连杆机构是发动机实现工作循环、完成能量转换的主要运动部件。在做功冲程，它用燃料燃烧产生的热能使活塞往复运动、曲轴旋转运动而将热能转变为机械能，对外输出动力；在其他冲程，则依靠曲柄和飞轮的转动惯性，通过连杆带动活塞上下运动，为下一次做功创造条件。曲柄连杆机构由机体组、活塞连杆组、曲轴飞轮组三部分组成，如图 1-2 所示。

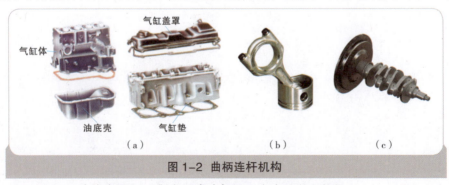

气缸盖罩　气缸体　油底壳　气缸垫

（a）　　　　　　　　（b）　　　　　　　　（c）

图 1-2　曲柄连杆机构

（a）机体组；（b）活塞连杆组；（c）曲轴飞轮组

2. 配气机构

　　配气机构的作用是按照发动机每一气缸内所进行的工作循环和发火次序的要求，定时开启和关闭各气缸的进、排气门，使新鲜充量得以及时进入气缸，废气得以及时从气缸排出；在压缩与膨胀行程中，保证燃烧室的密封。新鲜充量对于汽油机而言是汽油和空气的混合气，对于柴油机而言是纯空气。配气机构一般由气门组和气门传动组组成，如图1-3所示。

3. 燃油供给系统

　　汽油发动机燃油供给系统的作用是根据发动机各种不同工况的要求，配制出一定数量和浓度的可燃混合气供给气缸，使之在临近压缩终了时点火燃烧而膨胀做功。之后，供给系统还应将燃烧产物——废气排入大气中。燃油供给系统一般包括燃油箱、燃油泵、燃油滤清器、喷油器、输油管等，如图1-4所示。

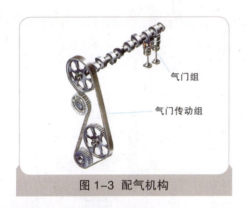

图 1-3 配气机构

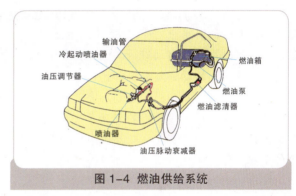

图 1-4 燃油供给系统

4. 冷却系统

　　冷却系统的功用是将受热零件吸收的部分热量及时散发出去，保证发动机在最适宜的温度状态下工作。发动机的冷却系统有风冷和水冷之分。以空气为冷却介质的冷却系统称为风冷系统；以冷却液为冷却介质的冷却系统称为水冷系统。水冷发动机的冷却系统主要零部件有节温器、水泵、齿形带带轮、散热器、电动风扇等，如图1-5所示。

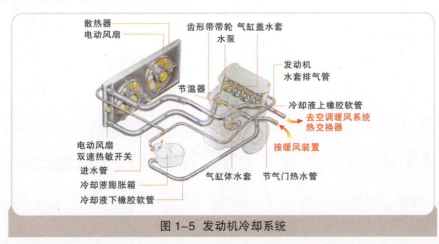

图 1-5 发动机冷却系统

5. 润滑系统

润滑系统的功用是向做相对运动的零件表面输送定量的清洁润滑油，以实现液体摩擦，减小摩擦阻力，减轻机件的磨损，同时，对零件表面进行清洗和冷却。润滑系统通常由油压传感器、机油滑压阀、机油滤清器和机油冷却器等组成，如图1-6所示。

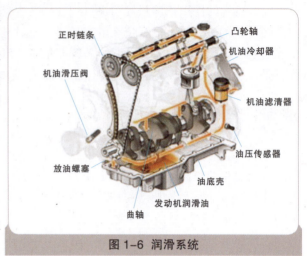

图 1-6 润滑系统

6. 起动系统

要使发动机由静止状态过渡到工作状态，必须先用外力转动发动机的曲轴，使活塞做往复运动，气缸内的可燃混合气燃烧，膨胀做功，推动活塞向下运动使曲轴旋转，发动机才能自行运转，工作循环才能自动进行。因此，曲轴在外力作用下开始转动到发动机开始自动怠速运转的全过程，称为发动机的起动。完成起动过程所需的装置，称为发动机的起动系统。起动系统由蓄电池、点火开关、起动继电器、起动机等组成，如图1-7所示。起动系统的功用是通过起动机将蓄电池的电能转换成机械能，起动发动机运转。

图 1-7 起动系统

7. 点火系统

在汽油发动机中，气缸内的可燃混合气是靠电火花点燃的，因此，在汽油机的气缸盖上装有火花塞，火花塞头部伸入燃烧室内。能够按时在火花塞电极间产生电火花的全部设备称为点火系统。点火系统的作用是根据发动机的工作需要，及时地点燃气缸内的混合气。点火系统通常由蓄电池、分电器、点火开关、点火线圈和火花塞等组成，如图1-8所示。

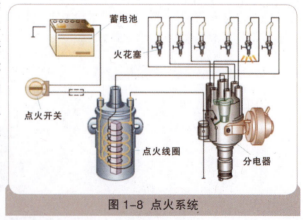

图 1-8 点火系统

二、发动机的分类

现代汽车发动机一般都属于内燃机，具有热效率高、体积小、便于移动、起动性能好等优点，因而被广泛应用。发动机种类繁多，根据不同特点有不同分类。

1. 按照行程分类

按照完成一个工作循环所需的冲程数，发动机可分为四冲程内燃机和二冲程内燃机。曲轴转两圈（720°），活塞在气缸内上下往复运动四个冲程，完成一个工作循环的内燃机称为四冲程内燃机，如图 1-9 所示；把曲轴转一圈（360°），活塞在气缸内上下往复运动两个冲程，完成一个工作循环的内燃机称为二冲程内燃机，如图 1-10 所示。汽车发动机广泛使用四冲程内燃机。

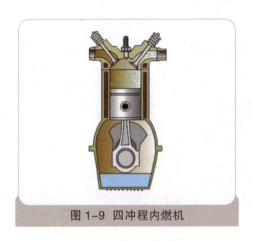

图 1-9 四冲程内燃机

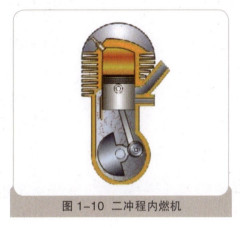

图 1-10 二冲程内燃机

2. 按照冷却方式分类

发动机按照冷却方式不同可以分为水冷式发动机和风冷式发动机。水冷式发动机是利用在气缸体和气缸盖冷却水套中进行循环的冷却液作为冷却介质进行冷却的，如图 1-11 所示；风冷式发动机是利用流动于气缸体与气缸盖外表面散热片之间的空气作为冷却介质进行冷却的，如图 1-12 所示。水冷式发动机冷却均匀，工作可靠，冷却效果好，因而被广泛应用于现代车用发动机领域。

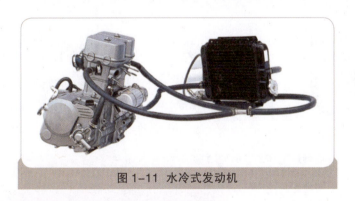

图 1-11 水冷式发动机

图 1-12 风冷式发动机

3. 按照气缸数目分类

发动机按照气缸数目不同可以分为单缸发动机和多缸发动机。仅有一个气缸的发动机称为单缸发动机；有两个以上气缸的发动机称为多缸发动机。如有双缸、三缸、四缸、五缸、六缸、八缸、十二缸、十六缸的发动机都是多缸发动机，如图 1-13 所示。现代车用发动机多采用三缸、四缸、六缸、八缸发动机。

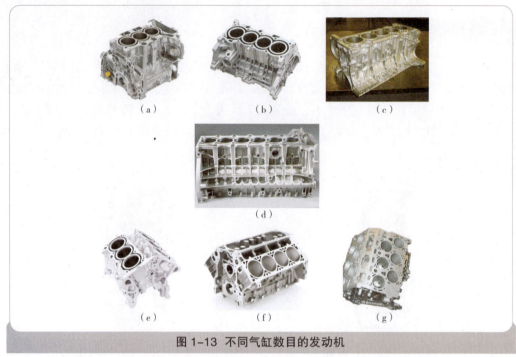

图 1-13　不同气缸数目的发动机

（a）直列三缸；（b）直列四缸；（c）直列五缸；（d）直列六缸；
（e）V 形六缸；（f）V 形八缸；（g）W 形十二缸

4. 按照所用燃料分类

　　发动机按照所用燃料的不同可以分为汽油机和柴油机。使用汽油为燃料的内燃机称为汽油机；使用柴油为燃料的内燃机称为柴油机。汽油机与柴油机比较各有特点：汽油机转速高，质量小，噪声小，起动容易，制造成本低；柴油机压缩比大，热效率高，经济性能和排放性能都比汽油机好。另外，还有以液化石油气或天然气为燃料的其他代用燃料发动机，如图 1-14 所示。

图 1-14　燃烧不同燃料的发动机

（a）汽油发动机；（b）柴油发动机；（c）压缩天然气（CNG）发动机；（d）液化石油气（LPG）发动机

5. 按照进气系统分类

　　发动机按照进气系统是否采用增压方式可以分为自然吸气（非增压）式发动机和强制进气（增压）式发动机，如图 1-15 所示。若进气是在接近大气状态下进行的，则为非增压发动机或自然吸气式发动机；若利用增压器将进气压力增高，进气密度增大的，则为增压发动机。增压可以提高内燃机功率。

6. 按活塞运动方式分类

活塞式发动机可分为往复活塞式和旋转活塞式两种，前者活塞在气缸内做往复直线运动，后者活塞在气缸内做旋转运动，如图 1-16 所示。

图 1-15　不同进气形式的发动机

（a）自然吸气式发动机；（b）强制进气式发动机

图 1-16　不同活塞工作方式的发动机

（a）往复活塞式；（b）旋转活塞式

7. 按照气缸布置方式分类

按照气缸布置方式的不同，可分为直列、斜置、对置、V 形发动机，如图 1-17 所示。

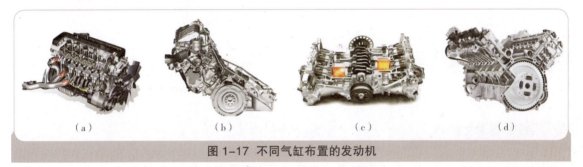

图 1-17　不同气缸布置的发动机

（a）直列发动机；（b）斜置发动机；（c）对置发动机；（d）V 形发动机

三、发动机的常用术语及其含义

发动机基本术语示意图如图 1-18 所示。

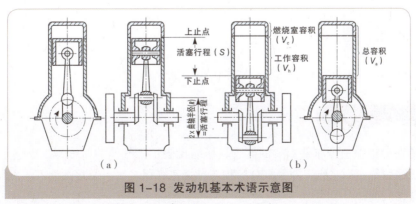

图 1-18　发动机基本术语示意图

（a）活塞在上止点位置；（b）活塞在下止点位置

1. 上止点

活塞在气缸里做往复直线运动时，当活塞向上运动到最高位置，即活塞顶部距离曲轴旋转中心最远的极限位置，称为上止点。

2. 下止点

活塞在气缸里做往复直线运动时，当活塞向下运动到最低位置，即活塞顶部距离曲轴旋转中心最近的极限位置，称为下止点。

3. 活塞行程

活塞从一个止点运动到另一个止点的距离，即上、下止点之间的距离称为活塞行程。一般用 S 表示。对应一个活塞行程，曲轴旋转 $180°$。

4. 曲柄半径

曲轴旋转中心到曲柄销中心之间的距离称为曲柄半径，一般用 R 表示。通常活塞行程为曲柄半径的 2 倍，即 $S=2R$。

5. 气缸工作容积

活塞从一个止点运动到另一个止点所扫过的容积，称为气缸工作容积。

6. 燃烧室容积

活塞位于上止点时，其顶部与气缸盖之间的容积称为燃烧室容积。

7. 气缸总容积

活塞位于下止点时，其顶部与气缸盖之间的容积称为气缸总容积。气缸总容积就是气缸工作容积和燃烧室容积之和。

8. 发动机排量

多缸发动机各气缸工作容积的总和，称为发动机排量。

9. 压缩比

压缩比是发动机中一个非常重要的概念，压缩比表示了气体的压缩程度，它是气体压缩前的容积与气体压缩后的容积之比，即气缸总容积与燃烧室容积之比。通常汽油机的压缩比为 6 ~ 10，柴油机的压缩比较高，一般为 16 ~ 22。

10. 工作循环

每一个工作循环包括进气、压缩、做功和排气过程，即完成进气、压缩、做功和排气4个过程叫一个工作循环。

四、发动机的工作原理

1. 四冲程汽油发动机

四冲程汽油发动机的工作过程是一个复杂的过程，它由进气、压缩、做功、排气四个行程组成，如图1-19所示。

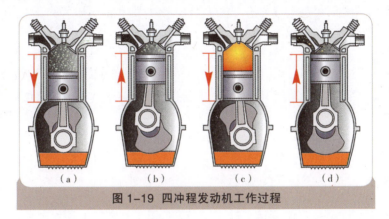

图1-19　四冲程发动机工作过程

（a）进气行程；（b）压缩行程；（c）做功行程；（d）排气行程

1）进气行程

曲轴带动活塞从上止点向下止点运动，同时，进气门开启，排气门关闭。进气行程开始时，活塞位于上止点，当活塞由上止点向下止点移动时，活塞上方的容积增大，气缸内的气体压力下降，形成一定的真空度。由于进气门开启，气缸与进气管相通，混合气被吸入气缸，直至活塞向下运动至下止点。当活塞移动到下止点时，气缸内充满了新鲜混合气和上一个工作循环未排净的废气。

在进气过程中，受空气滤清器、进气管道、进气门的影响，进气终了时气缸内气体压力略低于大气压力，为0.075～0.09 MPa，同时受到残余废气和高温机件加热的影响，气体温度达97 ℃～127 ℃。实际上汽油发动机的进气门是在活塞到达上止点之前打开，并且延迟到下止点之后关闭的，以便吸入更多的可燃混合气。

2）压缩行程

活塞由下止点向上止点运动，进、排气门都关闭，气缸内成为一个封闭容积，曲轴在飞轮等惯性力的作用下被带动旋转，通过连杆推动活塞向上移动，气缸内容积逐渐减小，可燃混合气受到压缩，压力和温度不断升高，当活塞到达上止点时压缩行程结束。

压缩行程中，可燃混合气压力可达 0.6 ~ 1.2 MPa，温度可达 327 ℃ ~ 427 ℃。压缩比越大，压缩终了时气缸内的压力和温度就越高，则燃烧速度越快、发动机功率也越大。但压缩比太高，容易引起爆燃。所谓爆燃就是由于气体压力和温度过高，可燃混合气在没有点燃的情况下自行燃烧，且火焰以高于正常燃烧数倍的速度向外传播，造成尖锐的敲缸声。爆燃会使发动机过热，功率下降，汽油消耗量增加以及机件损坏。轻微爆燃是允许的，但强烈爆燃对发动机是有害的。

3）做功行程

当活塞位于压缩行程接近上止点（即点火提前角）位置时，火花塞产生电火花点燃可燃混合气，此时进气门和排气门仍然保持关闭，高温高压气体膨胀，推动活塞从上止点向下止点运动，通过连杆使曲轴旋转并输出机械能。

在做功行程中，可燃混合气燃烧后放出大量的热使气缸内气体温度和压力急剧升高，最高压力可达 3 ~ 5 MPa，最高温度可达 1 927 ℃ ~ 2 527 ℃。随着活塞向下运动，气缸内容积增加，气体压力和温度降低。当活塞运动到下止点时，做功行程结束，气体压力降到 0.3 ~ 0.5 MPa，气体温度降到 1 027 ℃ ~ 1 327 ℃。

4）排气行程

当做功接近终了时，排气门开启，进气门仍然关闭，靠废气的压力先进行自由排气，活塞到达下止点再向上止点运动时，继续把废气强制排出到大气中去，活塞越过上止点后，排气门关闭，排气行程结束。实际汽油发动机的排气行程也是排气门提前打开、延迟关闭，以便排出更多的废气。

排气行程终止时，由于燃烧室容积的存在，不可能将废气全部排出气缸，气体压力仍高于大气压力，为 0.105 ~ 0.115 MPa，温度为 627 ℃ ~ 927 ℃。曲轴继续旋转，活塞从上止点向下止点运动，又开始了下一个新的循环过程。

可见四冲程汽油发动机经过进气、压缩、做功、排气四个行程完成一个工作循环，这期间活塞在上、下止点往复运动了四个行程，相应地曲轴旋转了两圈。

2. 四冲程柴油发动机

四冲程柴油发动机和四冲程汽油发动机的工作过程相同，每一个工作循环同样包括进气、压缩、做功和排气四个行程，但由于柴油发动机使用的燃料是柴油，柴油与汽油有较大的差别，柴油黏度大，不易蒸发，自燃温度低，故可燃混合气的形成、着火方式、燃烧过程以及气体温度和压力的变化都和汽油发动机不同。图 1-20 所示为四冲程柴油发动机工作原理。

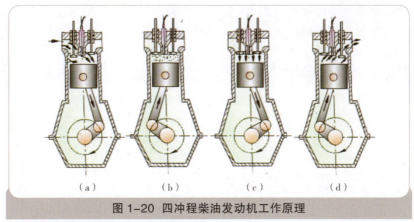

图 1-20　四冲程柴油发动机工作原理

（a）进气行程；（b）压缩行程；（c）做功行程；（d）排气行程

1）进气行程

四冲程柴油发动机在进气行程中吸入气缸的是纯空气，而不是可燃混合气。进气终了时气体压力为 0.078 5 ~ 0.093 2 MPa，气体温度为 27 ℃ ~ 97 ℃。

2）压缩行程

四冲程柴油发动机压缩行程压缩的也是纯空气，在压缩行程接近上止点时，喷油器将高压柴油以雾状喷入燃烧室，柴油和空气在气缸内形成可燃混合气并着火燃烧。压缩终了时，气体压力为 3.5 ~ 4.5 MPa，气体温度为 477 ℃ ~ 727 ℃。

3）做功行程

柴油喷入气缸后，在很短的时间内与空气混合后便立即着火燃烧，柴油发动机的可燃混合气是在气缸内部形成的，而不像汽油发动机那样，混合气主要是在气缸外部形成的。柴油发动机燃烧过程中气缸内出现的最高压力要比汽油发动机高得多，可高达 6 ~ 9 MPa，最高温度也可达 1 727 ℃ ~ 2 227 ℃。做功终了时，气体压力为 0.2 ~ 0.4 MPa，气体温度为 927 ℃ ~ 1 227 ℃。

4）排气行程

柴油发动机的排气行程和汽油发动机一样，废气同样经排气管排入到大气中去。排气终了时，气缸内气体压力为 0.105 ~ 0.125 MPa，气体温度为 527 ℃ ~ 727 ℃。柴油发动机与汽油发动机比较，柴油发动机的压缩比高、热效率高、燃油消耗率低，同时柴油价格较低。因此，柴油发动机的燃料经济性能好，而且柴油发动机的排气污染少，排放性能较好。它的主要缺点是转速低、质量大、噪声大、振动大、制造和维修费用高。在其发展过程中，柴油发动机不断发扬其优点，克服缺点，提高转速，有望得到更广泛的应用。

四冲程发动机只有一个行程是做功的，其他三个行程是做功的准备行程，因此，曲轴的转速是不均匀的。为了解决这个问题，第一是安装飞轮，第二是采用多缸四冲程发动机。在多缸四冲程发动机的每一个气缸内，所有的工作过程都是相同的，但各个气缸的做功行程并不是同时发生的，而是按照一定的工作顺序进行的。气缸数越多，发动机工作越平稳，但结构越复杂，尺寸和质量也会增加。

任务二　发动机拆装与维修常识

一、发动机拆装与检修基础知识

安全是做好一切工作的保证。对发动机进行维修实训时，必须严格按照安全文明生产操作规范进行作业，以免造成人员、车辆、工具、量具及仪器设备的损伤。

1. 树立安全文明生产意识

为了人身及工、量具与设备的使用安全，在发动机维修实训过程中，实训人员必须树立安全文明生产意识，形成安全第一、用户至上的服务观念，在确保人员、车辆及设备安全的前提下，全心全意为用户提供最优质的服务。

2. 合理使用工具、量具及设备

汽车维修所用工、量具及仪器、设备较多，其使用合理性不但影响生产效率和维修质量，还会直接影响生产安全。特别是在使用各种检测仪器及维修加工设备时，必须按照其安全使用说明进行操作，不熟悉的仪器、设备在未经许可的情况下，绝对不允许随意开动，以确保设备及人身安全。使用电气设备时，必须保证线路各接点连接牢固，绝缘良好，以防触电造成人身伤亡及因线路短路或连接不牢产生电火花而引起火灾。

3. 严格遵守操作规程

①维修汽车时经常需要使用燃料、润料等易燃、易爆物品，因此，维修现场应严禁吸烟及进行电、气焊作业。

②维修前，应先清除汽车外部的泥沙及油污，放出的润滑油、冷却液及废料应妥善处理。维修所用工、量具及材料应合理摆放。

③维修作业时，操作人员应穿好工作服，戴好工作帽，严禁穿着过于宽松的服装或拖鞋进行维修作业。在车下作业时，应拉紧驻车制动器、操纵杆并固定好车辆；操作人员应佩戴护目镜，以防泥沙等落入眼中。

④用千斤顶支起车辆时，千斤顶应放置在平整而坚实的地面上，并按所维护车辆规定的支撑点进行支撑，严禁在支撑点垫砖等易碎物体。需要在车下进行作业时，必须用支车凳将车支牢固。

⑤进行拆装作业时，必须按正确的顺序和合理的方法进行操作，以免造成机件的人为损坏。拆卸后，各零件应按结构连接关系及材质分类存放。重要螺栓（如气缸盖螺栓）应按规定顺序进行拆卸；装配时，应按规定顺序及力矩进行拧紧。

⑥配合精度要求较高的零件（如活塞、气门、曲轴轴承、连杆轴承等）拆装时，应核对和做好装配标记，并按顺序进行摆放。选配活塞环时，必须检查其端隙、侧隙和背隙，而且保证其间隙值符合要求，以免装复后活塞环在气缸中卡死，造成严重的机械事故。

⑦诊断电路故障时，应禁止使用划火法，检查各缸工作情况或做高压跳火试验时，应注意高压线与气缸体的距离，避免高压线短路而损坏点火器。

⑧操作过程中，应注意避开旋转机件，以免造成人员伤害。发动机刚刚熄火时，不要触及排气管、散热器等高温机件，更不允许在发动机高温状态下直接打开散热器盖，以免烫伤。使用液氮或干冰时，要防止冻伤手指。

⑨各种量具要轻拿轻放，并按正确的操作方法使用，以免损坏量具。进行测量时，读数应仔细，以确保其准确性。

⑩装配之前，应将各零件彻底清洗干净。

⑪在车间内起动发动机时，应打开车间门或打开排风装置，以排出车间内的废气。露天作业时，也不要在工作着的发动机排气管附近长时间停留，以防废气中毒。

⑫进行车辆试车时，应先检查制动、转向灯机构是否正常。

⑬车间内需要临时布置电源线路时，必须按照正确的操作规程进行施工。工作灯照明用电，电压不得高于 36 V。

二、拆装与检修常用工具及其使用

1. 扳手

扳手种类繁多，常见的类型有活扳手、呆扳手、梅花扳手、两用扳手、套筒扳手、扭力扳手和内六角扳手等。

1）活扳手

活扳手的开口宽度可在一定尺寸范围内进行调节，能拧紧或松开不同规格的外六角头、方头螺栓或螺母。活扳手规格以扳手长度和最大开口宽度表示，活扳手如图 1-21 所示。

活扳手在使用时，要正确选用其规格，让固定钳口受主要作用力，如图 1-22 所示。扳手长度不可任意加大，以免拧紧力太大而损坏扳手、螺栓或螺母。在汽车维修中，尽量不要使用活扳手，因其容易把螺母造成圆角。

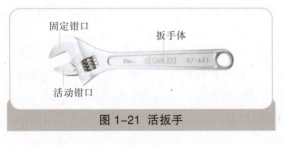

图 1-21 活扳手

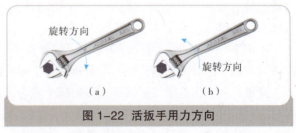

图 1-22 活扳手用力方向

（a）用力方向正确；（b）用力方向错误

2）呆扳手

呆扳手一端或两端制有固定尺寸的开口，用以拧转固定尺寸的螺栓或螺母，如图1-23所示。呆扳手的规格是以钳口开口的宽度来表示的，每把双头呆扳手只适用于两种尺寸的外六角头、方头螺栓或螺母。

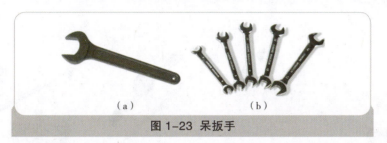

（a）　　　　　　　　　（b）

图1-23 呆扳手

（a）单头呆扳手；（b）双头呆扳手

3）梅花扳手

梅花扳手两端具有带六角孔或十二角孔的工作端，如图1-24所示。梅花扳手适用于工作空间狭小、不能使用普通扳手的场合。

4）两用扳手

两用扳手的一端与单头呆扳手相同，另一端与梅花扳手相同，两端拧转相同规格的外六角头、方头螺栓或螺母，如图1-25所示。

图1-24 梅花扳手

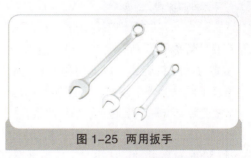

图1-25 两用扳手

5）套筒扳手

套筒扳手由多个带六角孔或十二角孔的套筒并配有手柄、接杆等多种附件组成，如图1-26所示。套筒扳手特别适用于拧转地方十分狭小或凹陷于很深处的外六角头、方头螺栓或螺母。套筒的规格按标准螺纹规格划分。套筒扳手在维修作业中具有快速、高效的优点，所以在汽车维修中，套筒扳手是使用频率最高的工具。

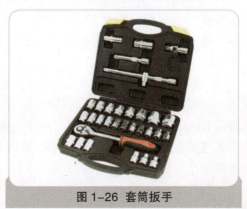

图1-26 套筒扳手

6）扭力扳手

扭力扳手在拧转螺栓或螺母时，能显示出所施加的拧紧力矩；或者当施加的拧紧力矩达规定值后，会发出光或声响信号，扭力扳手如图 1-27 所示。扭力扳手适用于对拧紧力矩大小有明确规定的装配工作。

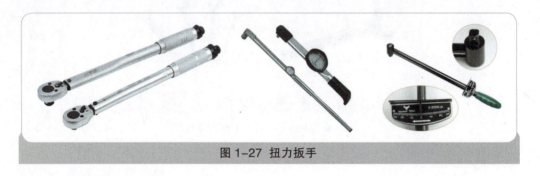

图 1-27 扭力扳手

7）内六角扳手

内六角扳手是成 L 形的六角棒状扳手，专用于拧转内六角螺钉，如图 1-28 所示。内六角扳手的型号是按照六方的对边尺寸进行规定的，螺栓的尺寸遵循国家标准。

图 1-28 内六角扳手

2．螺钉旋具

螺钉旋具俗称螺丝刀（图 1-29），主要用于旋松或旋紧有槽螺钉。螺钉旋具（以下简称旋具）有很多类型，其区别主要是尖部形状，每种类型的旋具都按长度不同分为若干规格。常用的旋具是一字螺钉旋具和十字槽螺钉旋具。

一字螺钉旋具又称一字起子、平口改锥，用于旋紧或松开头部开一字槽的螺钉，一般工作部分用碳素工具钢制成，并经淬火处理。其规格以刀体部分的长度表示，常用的规格有 100 mm、150 mm、200 mm 和 300 mm 等几种。使用时，应根据螺钉沟槽的宽度选用相应的规格。十字槽螺钉旋具又称十字形起子、十字改锥，用于旋紧或松开头部带十字沟槽的螺钉，材料和规格与一字螺钉旋具相同。

使用方法及注意事项：应使用尺寸合适的螺丝刀，与螺钉的槽大小一致。保持螺丝刀与螺钉尾端成直线，边用力边转动。切勿用锂鱼钳或其他工具过度施加扭矩，否则会刮削螺钉的凹槽或损坏螺丝刀尖头。

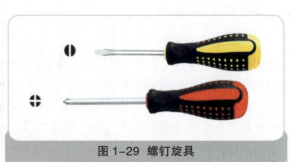

图 1-29 螺钉旋具

3. 钳子

钳子多用来弯曲或安装小零件、剪断导线或螺栓等。钳子有很多类型和规格。

1）鲤鱼钳

鲤鱼钳（图 1-30），鲤鱼钳钳头的前部是平口细齿，适用于夹持一般小零件；中部凹口粗长，用于夹持圆柱形零件，也可以代替扳手旋小螺栓、小螺母；钳口后部的刃口可剪切金属丝。由于一片钳体上有两个互相贯通的孔，又有一个特殊的销子，所以操作时钳口的张开度可很方便地变化，以适应夹持不同大小的零件。鲤鱼钳是汽车维修作业中使用最多的手钳，其规格以钳长来表示，一般有 165 mm、200 mm 两种，用 50 钢制造。

2）钢丝钳

钢丝钳的用途和鲤鱼钳相仿（图 1-31），但其销相对于两片钳体是固定的，故使用时不如鲤鱼钳灵活，但剪断金属丝的效果比鲤鱼钳要好，规格有 150 mm、175 mm、200 mm 三种。

图 1-30　鲤鱼钳

图 1-31　钢丝钳

3）尖嘴钳和弯嘴钳

尖嘴钳（图 1-32）和弯嘴钳（图 1-33），因其头部细长，所以能在较小的空间内工作，带刃口的能剪切细小零件，使用时不能用力太大，否则钳口头部会变形或断裂。其规格以全长来表示，有 125 mm、150 mm、175 mm 三种。

图 1-32　尖嘴钳

图 1-33　弯嘴钳

4）挡圈钳

挡圈钳（图 1-34、图 1-35）用于拆装弹性挡圈，分为孔用和轴用两种，每一种又可分为直嘴式和弯嘴式。汽车维修保养作业中用得较多的为 175 mm 规格的。轴用挡圈钳和孔用挡圈钳的主要区别：轴用挡圈钳是拆装轴用弹簧挡圈的专用工具，手把握紧时，其钳口是张开的；孔用挡圈钳是拆装孔用弹簧挡圈的，手把握紧时，其钳口是闭合的。

图 1-34 孔用挡圈钳

（a）直嘴式；（b）弯嘴式

图 1-35 轴用挡圈钳

（a）直嘴式；（b）弯嘴式

4. 锤子

汽车维修中常用的锤子有手锤、木槌和橡胶锤，如图 1-36 所示。手锤通常由工具钢制成，规格按锤头质量划分，汽车维修中最常用的是圆头手锤。使用时应使锤头安装牢靠，手握锤柄末端，用锤头正面击打物体。木槌和橡胶锤主要用于击打零件加工表面，以保护零件不被损坏。

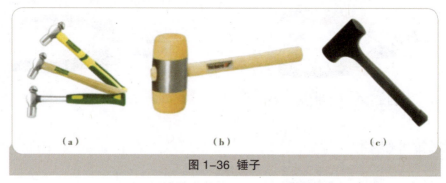

图 1-36 锤子

（a）圆头手锤；（b）木槌；（c）橡胶锤

5. 撬棍

撬棍（图 1-37）为汽车工具箱中的一件普通工具，可用于撬动旋转件或敲开结合面，也可用于工件的整形，使用时将撬棍稳定支撑于某一位置，加力使之转动或撬起。使用时，撬棍不可代替铜棒使用，也不可用于软材质界面结合处。

6. 拉器

拉器（图 1-38）是用于拆卸过盈配合安装在轴上的齿轮或轴承等零件的专用工具，有二爪与三爪之分。常用拉器为手动式，在杆式弓形叉上装有压力螺杆和拉爪。使用时，在轴端与压力螺杆之间垫一垫板，用拉器的拉爪拉住齿轮或轴承，然后拧紧压力螺杆，即可从轴上拉下齿轮等过盈配合安装的零件。

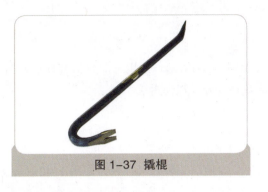

图 1-37 撬棍

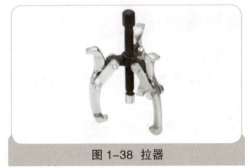

图 1-38 拉器

7. 火花塞套筒

火花塞套筒是用于拆装火花塞的专用工具，如图 1-39 所示。

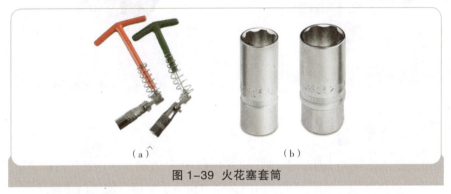

（a）　　　　　　　　　（b）

图 1-39 火花塞套筒

（a）拆装传统汽油发动机火花塞；（b）拆装电喷汽油发动机火花塞

8. 轮胎套筒

轮胎套筒是用于拆装汽车轮胎的专用工具，其结构如图 1-40 所示。

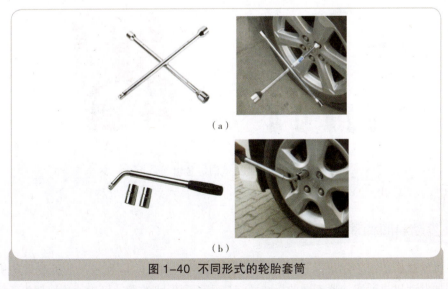

（a）

（b）

图 1-40 不同形式的轮胎套筒

（a）十字形轮胎套筒；（b）L 形轮胎套筒

9. 活塞环拆装钳

活塞环拆装钳是用于拆装活塞环的专用工具，如图 1-41 所示。使用时应将活塞环拆装钳上的卡环卡在活塞环的开口上，轻握手柄慢慢收缩使活塞环张开，以便拆装。

10. 活塞安装专用工具

安装活塞时，活塞安装专用工具用于压缩活塞环，以便活塞装入气缸内，如图 1-42 所示。

图 1-41 活塞环拆装钳

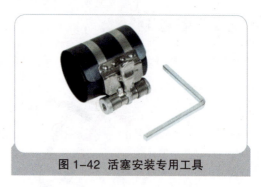

图 1-42 活塞安装专用工具

11. 气门拆装钳

气门拆装钳是用于拆装气门的专用工具，如图 1-43 所示。在使用手柄式气门拆装钳拆装气门时，将气门拆装钳托架抵住气门，顶圈对正气门弹簧座，压下手柄即可使气门弹簧压缩，然后取出气门弹簧锁止零件，再慢慢放松手柄，便能很容易地取下气门弹簧和气门等，如图 1-43（a）所示。在使用弹簧式气门拆装钳拆装气门时，需旋转手柄，才能取出气门弹簧锁止零件、气门弹簧和气门等零件，如图 1-43（b）所示。

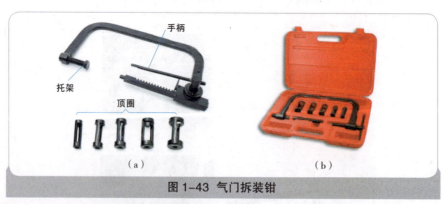

图 1-43 气门拆装钳

（a）手柄式气门拆装钳；（b）弹簧式气门拆装钳

12. 发动机机油滤清器扳手

发动机机油滤清器扳手用于拆装发动机机油滤清器，如图 1-44 所示。在拆装发动机机油滤清器时，应根据发动机机油滤清器不同的拆装环境选用不同形状的发动机机油滤清器扳手。

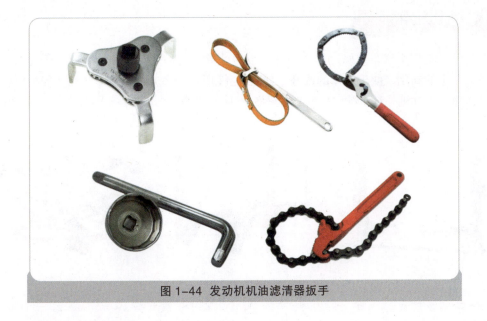

图 1-44　发动机机油滤清器扳手

13. 黄油枪

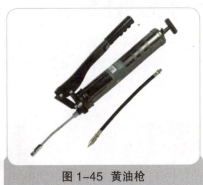

　　黄油枪用于向汽车上需要用润滑脂润滑的部位加注润滑脂（黄油），如图 1-45 所示。使用前，应向黄油枪里面加注润滑脂，然后对准黄油嘴进行加注。若注不进润滑脂，应查明原因。

14. 电动扳手和气动扳手

　　电动扳手是以电源或电池为动力的扳手，是一种拆装螺栓的工具，如图 1-46 所示。电动扳手主要分为冲击扳手、扭剪扳手、定拧紧力矩扳手、转角扳手、角向扳手、液压扳手、扭

图 1-45　黄油枪

力扳手和充电式电动扳手。气动扳手是以压缩空气为动力的扳手，如图 1-47 所示。空压机输出的压缩空气进入风炮气缸之后带动里面的叶轮转动而产生旋转动力，同时叶轮再带动相连接的打击部位进行类似锤打的运动，在每一次敲击之后，把螺钉拧紧或者拆卸下来。气动扳手是一种既高效又安全的拆装螺栓的气动工具。

图 1-46　电动扳手

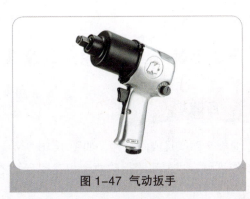

图 1-47　气动扳手

15. 汽车举升机

汽车举升机是用于汽车维修过程中举升汽车的设备，汽车开到举升机工位，通过人工操作可使汽车举升一定的高度，便于汽车的维修，如图1-48所示。举升机在汽车维修及养护中发挥着非常重要的作用，举升机是汽车维修厂的必备设备之一。

（a）　　　　　　　　　（b）　　　　　　　　　（c）

图1-48　举升机

（a）两柱式举升机；（b）四柱式举升机；（c）剪式举升机

16. 千斤顶

千斤顶是一种最常用、最简单的起重工具，按照其工作原理可分为液压式和丝杠式，如图1-49所示。按照所能顶起的质量可分为3 000 kg、5 000 kg和9 000 kg等多种不同的规格，目前广泛使用的是液压式千斤顶。

（a）　　　　　　　　　　　　（b）

图1-49　千斤顶

（a）液压式千斤顶；（b）丝杠式千斤顶

三、拆装与检修常用量具及其使用

1. 厚薄规

厚薄规又称塞尺或间隙片，如图1-50所示。它由多层不同厚度的标准钢片组成，每一片标有一定的厚度值，主要用于检验两个相互接合面之间的间隙，如测量气门间隙、曲轴轴向间隙等，如图1-51所示。

图 1-50　厚薄规

图 1-51　测量气门间隙

使用注意事项

①使用前，应将厚薄规片两个测量面擦拭干净，不得在带有油污或金属屑时测量，否则会影响测量精度。

②使用时，不允许把厚薄规片硬插到测量面内或做剧烈的弯曲，以免损坏厚薄规测量面和被测工件表面。

③用厚薄规片检查与调整间隙时，一边调整，一边拉动厚薄规，若感觉很松，说明间隙大于厚薄规片上标出的值；若感觉很紧，拉动费力，说明间隙小于标准值。只有当拉动厚薄规，感到稍有阻力时，表示该间隙值接近厚薄规片上标有的值。

④使用后应将厚薄规片擦拭干净，并涂抹机油后折合到夹框内，以防锈蚀、弯曲、变形或折断。

2. 刀口形直尺

刀口形直尺主要用于以光隙法进行直线度测量和平面度测量，如图 1-52 所示，也可与量块一起用于检验平面精度。刀口形直尺具有结构简单、质量轻、不生锈、操作方便、测量效率高等优点，是机械加工时常用的测量工具。

图 1-52　刀口形直尺测平面度

3. 游标卡尺

游标卡尺是一种能直接测量工件内外直径、宽度、长度或深度的量具。按照测量功能分类，游标卡尺可分为普通游标卡尺、深度游标卡尺和带表卡尺等；按照测量精度分类，游标卡尺可分为 0.10 mm、0.02 mm、0.05 mm 等几种规格。图 1-53 所示为游标卡尺结构，它由外测量爪、内测量爪、紧固螺钉、游标、尺身和深度尺组成。

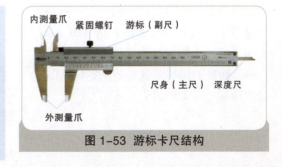

图 1-53　游标卡尺结构

　　当图1-53所示的游标卡尺上的两个量爪合拢时,副尺上的50格刚好与主尺上的49 mm对正,如图1-54所示。主尺上每一个小格是1 mm,则副尺上每一个小格是49/50=0.98 mm。因此,主尺与副尺每格之差为:1-49/50=0.02(mm)。此差值即为1/50 mm游标卡尺的测量精度。

　　若一个物体0.02 mm厚,则会出现游标卡尺副尺上的第一条刻度线与主尺上的第一条刻度线对齐的情况。若一个物体0.04 mm厚,则会出现游标卡尺副尺上的第二条刻度线与主尺上的第二条刻度线对齐的情况,以此类推。

　　游标卡尺的读数方法如下:

　　①读出副尺零线左边与主尺相邻的第一条刻线的整毫米数,为所测尺寸的整数值。

　　②读出副尺上与主尺刻线对齐的那一条刻线所表示的数值,为所测尺寸的小数值。

　　③把整毫米数和毫米小数加起来,即为所测零件的尺寸数值。

　　图1-55(a)所示游标卡尺读数为11.36 mm;图1-55(b)所示游标卡尺读数为15.48 mm。

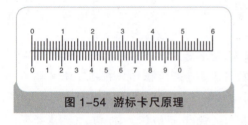

图1-54　游标卡尺原理

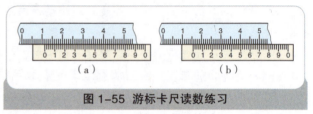

(a)　　　　　　　　　(b)

图1-55　游标卡尺读数练习

使用注意事项

　　①使用前,先把测量爪和工作测量表面擦拭干净。

　　②测量工件时,应把测量爪张开到大于被测量工件表面尺寸,再慢慢移动副尺,使两测量爪与工件接触。禁止硬拉硬卡,以免损坏游标卡尺和影响测量精度。

　　③使用后,要擦拭干净游标卡尺,并涂抹适量的工业凡士林后放回盒内保存,盒盖切勿重压。

4. 百分表

　　百分表是一种比较性测量仪表,用来测量工件的偏差大小,检验零件垂直平面和水平平面,检测轴的间隙、轴或气缸的圆度和圆柱度等。百分表主要由表盘、表圈、挡帽、转数指示盘、主指针、轴管、测量头和测量杆等组成,如图1-56所示。

　　百分表的表盘刻度一般分为100格。测量时,大指针偏转1格表示0.01 mm,大指针超过1圈时,小指针偏转1格表示1 mm。指针的偏转量就是被测零件(工件)的实际偏差或间隙值。

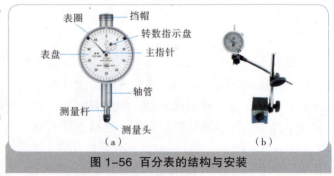

(a)　　　　　　　　　(b)

图1-56　百分表的结构与安装

(a)百分表结构;(b)百分表的安装

使用注意事项

①百分表测量工件时，应用表架（支架）固定，以测量杆端的表头抵住工件被测量表面，并使测头产生一定位移（即指针存在一个预偏转值），移动测量工件，观察百分表表盘上指针的偏转量，该偏转量即被测量物体的偏差尺寸或间隙值。

②测量时，测量杆轴线应与被测工件表面垂直，否则会影响测量精度。

③百分表用毕，应解除所有负荷，用干净抹布将表面擦拭干净，并在容易生锈的金属表面涂抹一层工业凡士林，然后将百分表水平放置在盒内，盒盖上严禁重压。

5. 外径千分尺

外径千分尺是一种精密量具，它的精度比游标卡尺高。外径千分尺由尺架、砧座、测微螺杆、固定套管、活动套管、微调和偏心锁紧手柄等组成，如图1-57所示。

外径千分尺测微螺杆的螺距是0.5 mm，活动套管上共刻有50条刻线，测微螺杆与活动套管连在一起。当活

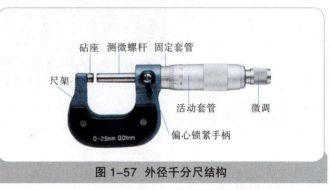

图1-57　外径千分尺结构

动套管转50格（1周）时，测微螺杆也转1周并移动0.5 mm。因此，当活动套管转1格时，测微螺杆移动0.5/50=0.01（mm）。所以，外径千分尺可准确到0.01 mm。由于还能再估读一位，可读到毫米的千分位。

外径千分尺的读数方法如下：

①先读出活动套管边缘在固定套管上的毫米数和半毫米数。

②再根据活动套管上的哪一格与固定套管上的基准线对齐，读出活动套管上不足半毫米的数值。

③最后将两个读数加起来，其和即为测得的实际尺寸值。

使用注意事项

①测量前，应擦拭干净千分尺砧座表面与工件测量表面。

②测量前，应检查、校对千分尺有无误差。

③千分尺误差检查方法是旋转棘轮，当砧座和测微螺杆端头靠拢时，棘轮会发出咔咔声响。活动套筒的前端应与固定套管的零线对齐，同时，活动套筒的零线还应与固定套管的基线对齐。如两线未对齐，则表明千分尺有误差，应进行调整后才能使用。

④测量时，千分尺测微螺杆轴线应与工件中心线垂直或平行，如果歪斜会影响测量的精度。旋转活动套管使得砧座接近工件测量表面时，改用棘轮，直到棘轮发出咔咔声并打滑时，拧紧制动环，读出测量尺寸。若一次测量不准，可再次按上述方法进行测量，直到准确为止。

⑤使用后，应涂抹适量的工业凡士林后放回盒内保存，盒盖上切勿重压。

6. 量缸表

量缸表又称内径量表或内径百分表，是一种用于测量孔径的比较性量具。在汽车维修中主要用于测量发动机气缸和轴承座孔的圆度、圆柱度误差或零件磨损情况。量缸表由百分表、表杆、垫圈和一套长度不等的接杆组成，如图 1-58 所示。

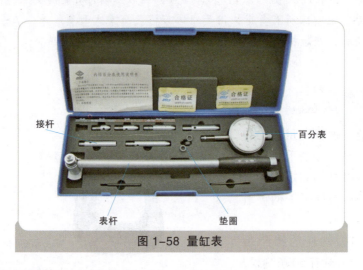

图 1-58 量缸表

量缸表的使用方法

①用一只手拿住表杆上的绝热套，另一只手尽量托住表杆下部，轻轻摆动表杆，使量缸表测杆与气缸轴线垂直，可通过观察表针摆动情况来判断误差或磨损量，当表针指示到最小数值时，即表示测杆已垂直于气缸轴线。

②量缸表读数方法与百分表相同。

③确定工件尺寸。如果表头的大指针正好指在零位，说明被测工件的孔径（缸径）与其校表尺寸相等；如果以标准尺寸进行校表，则表示工件与标准尺寸相同；如果表头大指针顺时针方向转离零位，则表示工件尺寸小于标准尺寸，反之则表示大于标准尺寸。通过对不同测量点的测量，即可得到圆度、圆柱度的误差或了解到工件的磨损情况。

一、填空题

1. 四冲程发动机曲轴转两周，活塞在气缸里往复行程_____次，进、排气门各开关_____次，气缸里热能转化为_____能。

2. 二冲程发动机曲轴转_____周，活塞在气缸里往复行程_____次，完成_____工作循环。

3. 汽车活塞式内燃机每一次将热能转化为机械能，都必须经过_____、_____、_____和_____这样一系列连续工作，这称为发动机的一个_____。

4. 外径千分尺是一种精密量具，它由尺架、_____、_____、_____、_____和偏心锁紧手柄等组成。

5. 游标卡尺是一种能直接测量工件_____、_____、_____或深度的量具。按照测量精度分类，游标卡尺可分为_____mm、_____mm、_____mm等几种规格。

二、选择题

1. 有关发动机压缩比的说法正确的是（　　　）。
   A. 气缸燃烧室容积与气缸总容积之比
   B. 气缸燃烧室容积与气缸工作总容积之比
   C. 气缸总容积与气缸燃烧室容积之比
   D. 气缸工作总容积与气缸燃烧室容积之比

2. 下列发动机组成中柴油机所没有的是（　　　）。
   A. 冷却系统　　　　　B. 起动系统
   C. 点火系统　　　　　D. 润滑系统

3. 下列说法正确的是（　　　）。
   A. 四冲程发动机完成进气、压缩、做功、排气一个工作循环，曲轴转过了360°
   B. 二冲程发动机完成进气、压缩、做功、排气一个工作循环，活塞在气缸内上下运动2次
   C. 柴油机在做功行程时，进、排气门处于关闭状态
   D. 压缩比越高越好

4. 游标卡尺没有的精度是（　　　）。
   A. 0.01 mm　　　B. 0.02 mm　　　C. 0.05 mm　　　D. 0.10 mm

5. 两用扳手两端的规格（　　　）。
   A. 一端大一端小　　　B. 有的相同，有的不同
   C. 相同　　　　　　　D. 不同

6. 汽车耗油量最少的行驶速度是（　　　）。
   A. 低速　　　B. 中速　　　C. 全速　　　D. 超速

三、判断题

1. 发动机排量是指所有气缸容积的总和。 （　　）

2. 发动机行程是指上、下两止点间的距离。 （　　）

3. 千分尺的测量精度比百分表的测量精度高。 （　　）

4. 四冲程柴油发动机在进气行程时，进入气缸的是可燃混合气。 （　　）

5. 拉器是用于拆卸的专用工具，有二爪、三爪和四爪之分。 （　　）

四、简答题

1. 简述四冲程发动机的工作过程。

2. 汽车发动机总体结构由哪些系统组成？各起什么作用？

3. 简述游标卡尺的读数方法。

课题二
曲柄连杆机构

学习任务

1. 掌握曲柄连杆机构的组成及功用。
2. 掌握曲柄连杆机构的工作原理。
3. 掌握曲柄连杆机构的检测维修方法。

技能要求

1. 能够对曲柄连杆机构易损零件进行检测、修理或更换。
2. 能够对曲柄连杆机构进行拆装与调整。
3. 能够对曲柄连杆机构常见故障进行分析、判断，并排除。

一、曲柄连杆机构的功用

曲柄连杆机构的功用是提供燃烧场所，把燃料燃烧后气体作用在活塞顶上的膨胀压力转变为曲轴旋转的转矩，不断输出动力。曲柄连杆机构是发动机实现工作循环、完成能量转换的主要运动部件。在做功冲程，它用燃料燃烧产生的热能使活塞往复运动、曲轴旋转运动而将其转变为机械能，对外输出动力；在其他冲程，则依靠曲柄和飞轮的转动惯性，通过连杆带动活塞上下运动，为下一次做功创造条件。图 2-1 所示为曲柄连杆机构。

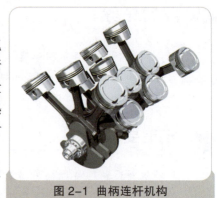

图 2-1 曲柄连杆机构

二、曲柄连杆机构的组成

曲柄连杆机构由机体组、活塞连杆组、曲轴飞轮组三部分组成，如图 2-2 所示。

①机体组：气缸体、气缸垫、气缸盖、曲轴箱、油底壳及气缸套。

②活塞连杆组：活塞、活塞环、活塞销、连杆。

③曲轴飞轮组：曲轴、飞轮、扭转减震器、平衡轴。

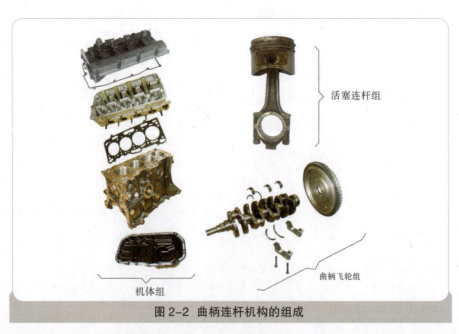

活塞连杆组

机体组

曲柄飞轮组

图 2-2 曲柄连杆机构的组成

一、机体组的功用及组成

发动机机体组主要由气缸体、气缸盖、气缸盖罩、气缸垫以及油底壳等组成，如图 2-3 所示。镶气缸套的发动机，机体组还包括干式或湿式气缸套。

机体组是发动机的支架，是曲柄连杆机构、配气机构和发动机各系统主要零部件的装配基体。气缸盖用来封闭气缸顶部，并与活塞顶和气缸壁一起形成燃烧室。另外，气缸盖和机体内的水套和油道以及油底壳又分别是冷却系统和润滑系统的组成部分。

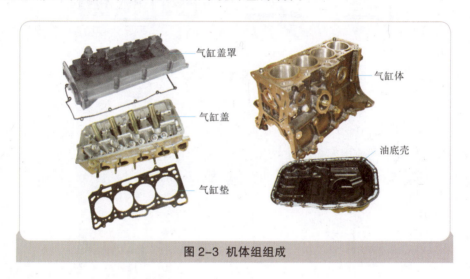

气缸盖罩

气缸体

气缸盖

油底壳

气缸垫

图 2-3 机体组组成

1. 机体

1）机体的工作条件及要求

机体是气缸体与曲轴箱的连铸体。绝大多数水冷发动机的气缸体与曲轴箱连铸在一起，而且多缸发动机的各个气缸也合铸成一个整体。风冷发动机几乎无一例外地将气缸体与曲轴箱分别铸制。在发动机工作时，机体承受拉、压、弯、扭等不同形式的机械负荷，同时还因为气缸壁面与高温燃气直接接触而承受很大的热负荷。因此，机体应具有足够的强度和刚度，且应耐磨损和耐腐蚀，并应对气缸进行适当的冷却，以免机体损坏和变形。机体也是最重的零件，应该力求结构紧凑、质量轻，以减小整机的尺寸和质量。

2）机体材料

机体一般用高强度灰铸铁或铝合金铸造。目前，在轿车发动机上采用铝合金机体的越来越普遍。

图2-4　直列式机体

3）机体构造（图2-4）

机体的构造与气缸排列形式、气缸结构形式和曲轴箱结构形式有关。气缸排列形式有3种：直列式、V形和水平对置式，如图2-5所示。

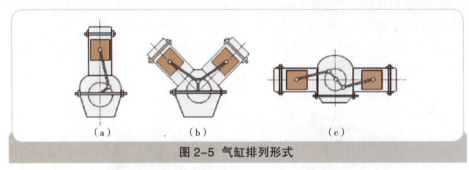

（a）　　　　（b）　　　　　　　（c）

图2-5　气缸排列形式

（a）直列式；（b）V形；（c）水平对置式

气缸内表面由于受高温高压燃气的作用并与高速运动的活塞接触而极易磨损。为了提高气缸的耐磨性和延长气缸的使用寿命，可采取不同的气缸结构形式和表面处理方法。气缸结构形式也有3种，即无气缸套式、干气缸套式和湿气缸套式，如图2-6所示。

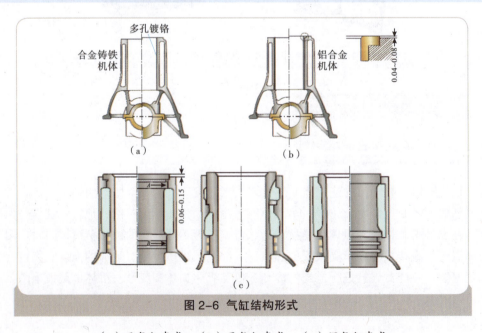

图2-6　气缸结构形式

（a）无气缸套式；（b）干气缸套式；（c）湿气缸套式

干气缸套式机体是在一般灰铸铁机体的气缸套座孔内压入或装入干式气缸套，干式气缸套不与冷却液接触。干式气缸套的外圆表面和气缸套座孔内表面均需精加工，以保证必要的形位精度和便于拆装。

湿气缸套式机体，其气缸套外壁与冷却液直接接触。用合金铸铁制造的湿式气缸套的壁厚一般为 5 ~ 8 mm。湿式气缸套下部用 1 ~ 3 道耐热耐油的橡胶密封圈进行密封，防止冷却液泄漏。湿式气缸套上部是利用气缸套装入机体后，气缸套顶面高出机体顶面 0.05 ~ 0.15 mm 密封的。

按曲轴箱结构形式的不同，机体有平底式、龙门式和隧道式 3 种，如图 2-7 所示。

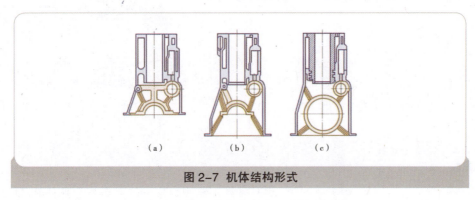

图 2-7　机体结构形式

（a）平底式；（b）龙门式；（c）隧道式

平底式机体的底平面与曲轴轴线齐平。这种机体高度小、质量轻、加工方便。但与另外两种机体相比刚度较差。

龙门式机体是指底平面下沉到曲轴轴线以下的机体。机体底平面到曲轴轴线的距离称作龙门高度。龙门式机体由于高度增加，其弯曲刚度和扭转刚度均比平底式机体有显著提高。机体底平面与油底壳之间的密封也比较简单。

隧道式机体是指主轴承孔不剖分的机体结构。这种机体配以窄型滚动轴承可以缩短机体长度。隧道式机体的刚度大，主轴承孔的同轴度好，但是由于大直径滚动轴承的圆周速度不能很大，而且滚动轴承价格较贵，因此限制了隧道式机体在高速发动机上的应用。

2. 气缸盖

1）气缸盖工作条件及要求

气缸盖承受气体力和紧固气缸盖螺栓所造成的机械负荷，同时还由于与高温燃气接触而承受很高的热负荷。为了保证气缸的良好密封，气缸盖既不能损坏，也不能变形。为此，气缸盖应具有足够的强度和刚度。为了使气缸盖的温度分布尽可能的均匀，避免进、排气门座之间发生热裂纹，应对气缸盖进行良好的冷却。

2）气缸盖材料

气缸盖一般都由优质灰铸铁或合金铸铁铸造，轿车用的汽油机则多采用铝合金气缸盖。

3）气缸盖构造

气缸盖是结构复杂的箱形零件，其上加工有进、排气门座孔，气门导管孔，火花塞安装孔（汽油机）或喷油器安装孔（柴油机），如图2-8所示。在气缸盖内还铸有水套、进排气道和燃烧室或燃烧室的一部分。若凸轮轴安装在气缸盖上，则气缸盖上还加工有凸轮轴承孔或凸轮轴承座及其润滑油道。

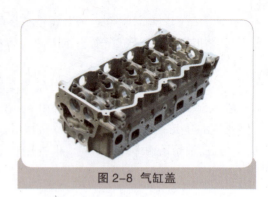

图2-8　气缸盖

4）燃烧室

当活塞位于上止点时，活塞顶面以上、气缸盖底面以下所形成的空间称为燃烧室。在汽油机气缸盖底面通常铸有形状各异的凹坑，习惯上称这些凹坑为燃烧室。在汽油机上广泛应用的燃烧室有：

①浴盆形燃烧室，结构简单，气门与气缸轴线平行，进气道弯度较大。压缩行程终了能产生挤气涡流。

②楔形燃烧室，结构比较紧凑，气门相对气缸轴线倾斜，进气道比较平直，进气阻力小。压缩行程终了时能产生挤气涡流。

③半球形燃烧室，结构最紧凑，燃烧室表面积与其容积之比（面容比）最小。进排气门呈两列倾斜布置，气门直径较大，气道较平直。火焰传播距离较短，不能产生挤气涡流。

④多球形燃烧室，由两个以上半球形凹坑组成，其结构紧凑，面容比小，火焰传播距离短，气门直径较大，气道比较平直，且能产生挤气涡流。

⑤篷形燃烧室，是近年来在高性能多气门轿车发动机上广泛应用的燃烧室。

汽油机燃烧室如图2-9所示。

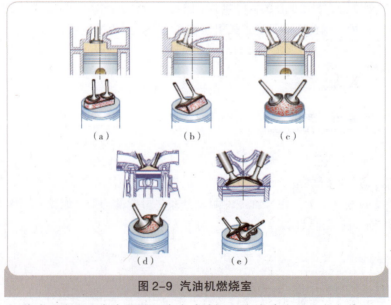

（a）　　　　　（b）　　　　　（c）

（d）　　　　　（e）

图2-9　汽油机燃烧室

（a）浴盆形；（b）楔形；（c）半球形；（d）多球形；（e）篷形

柴油机的分隔式燃烧室有两种类型，如图 2-10 所示。

①涡流室燃烧室。其主、副燃烧室之间的连接通道与副燃烧室切向连接，在压缩行程中，空气从主燃烧室经连接通道进入副燃烧室，在其中形成强烈的有组织的压缩涡流，因此称副燃烧室为涡流室，燃油顺气流方向喷射。

②预燃室燃烧室。其主、副燃烧室之间的连接通道不与副燃烧室切向连接，且截面积较小。在压缩行程中，空气在副燃烧室内形成强烈的无组织紊流。燃油迎着气流方向喷射，并在副燃烧室顶部预先发火燃烧，故称副燃烧室为预燃室。

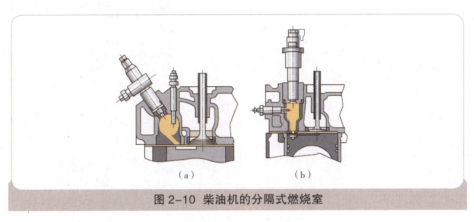

（a） （b）

图 2-10 柴油机的分隔式燃烧室

（a）涡流室燃烧室；（b）预燃室燃烧室

3. 气缸垫

1）气缸垫的功用、工作条件及要求

气缸垫（图 2-11）是机体顶面与气缸盖底面之间的密封件。其作用是保持气缸密封不漏气，保持由机体流向气缸盖的冷却液和机油不泄漏。气缸垫承受拧紧气缸盖螺栓时造成的压力，并受到气缸内燃烧气体高温、高压的作用以及机油和冷却液的腐蚀。气缸垫应该具有足够的强度，并且要耐压、耐热和耐腐蚀。另外，气缸垫还需要有一定的弹性，以补偿机体顶面和气缸盖底面的粗糙度和不平度以及发动机工作时反复出现的变形。

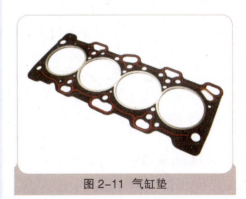

图 2-11 气缸垫

2）气缸垫的分类及结构

按所用材料的不同，气缸垫可分为金属—石棉垫、金属—复合材料垫和全金属垫等多种。

4. 油底壳

油底壳（图2-12）的主要功用是储存机油和封闭机体或曲轴箱。油底壳用薄钢板冲压或用铝铸制而成。油底壳内设有挡板，用以减轻汽车颠簸时油面的振荡。此外，为了保证汽车倾斜时机油泵能正常吸油，通常将油底壳局部做得较深。油底壳底部设有放油螺塞。有的放油螺塞带磁性，可以吸住机油中的铁屑。

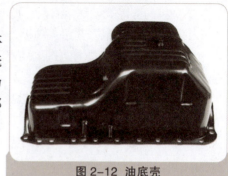

图2-12　油底壳

二、机体组的检修

1. 气缸体的检修

气缸体的主要耗损形式有裂纹、变形和磨损三种。

1）裂纹

气缸体的裂纹通常采用目测法和水压试验法来检查，一旦检查出裂纹，首先用直径为4 mm的钻头在裂纹两端钻孔（止裂孔），防止裂纹的进一步延伸。然后，可视情况进行焊修、胶粘等，必要时进行更换。

2）变形

可用检查上平面度的方法检查气缸体上平面是否变形，具体做法是：在气缸体上平面六个方向上放置刀口形直尺，并用塞尺测量刀口形直尺与气缸体上平面之间的间隙，测得的最大值即为气缸体上平面的平面度误差，如图2-13所示。气缸体上平面的平面度误差若超过使用极限，可用磨削或铣削加工修理，但总加工量不能超过0.30 mm。

图2-13　气缸平面度测量

3）磨损

气缸体的磨损主要发生在气缸、曲轴轴承孔等部位，其中，气缸的磨损程度是衡量发动机是否需要大修的依据之一。

（1）气缸磨损的检查。

清洁气缸壁上的油污和积炭后，在气缸的上、中、下三个不同的高度及气缸的纵向和横向两个方向的六个部位，用量缸表测量气缸直径，然后根据测量结果计算出气缸的最大磨损量、圆度误差和圆柱度误差，如图2-14所示。

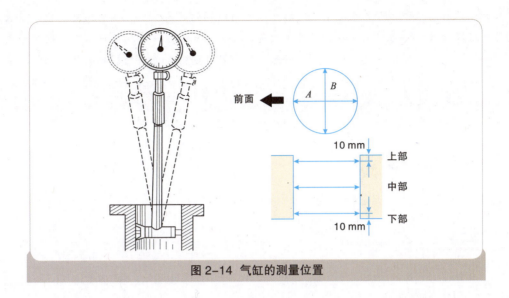

图2-14　气缸的测量位置

①气缸圆度的测量。根据气缸直径的尺寸，选择合适的接杆，装入量缸表的下端，并使伸缩杆有 $1 \sim 2$ mm 的压缩量。

将量缸表的测杆伸入到气缸中的相应部位，微微摆动表杆，使测杆与气缸中心线垂直，量缸表指示的最小读数即为正确的气缸直径。用量缸表在部位 A 方向上测量，旋转表盘使"0"刻度对准大表针，然后将测杆在此截面上旋转90°，此时表针所指刻度与"0"位刻度之差的 $1/2$ 即为该截面的圆度误差。

②气缸圆柱度的测量。用量缸表在上部 A 方向上测量并找出正确的直径位置，旋转表盘使"0"刻度对准大表针。然后依次测出其他5个数值，取6个数值中最大差值的 $1/2$ 作为该气缸的圆柱度误差。

③气缸磨损尺寸的测量。一般发动机最大磨损尺寸在前后两缸的上部。测量时，用量缸表在上部 A 方向上测量并找出正确的气缸直径位置，旋转表盘使"0"刻度对准大表针，并记住小表针所指位置。取出量缸表，将测杆放置于外径千分尺的两测头之间，旋转外径千分尺的微调棘轮，使量缸表的大指针指向"0"，且小指针指向原来的位置(在气缸中所指示的位置)。此时，外径千分尺测得的尺寸即为气缸的直径。

气缸的技术要求如下：

气缸的圆度误差达到 $0.050 \sim 0.063$ mm；圆柱度误差达到 $0.175 \sim 0.250$ mm；最大磨损量，有修理尺寸的气缸达到 0.2 mm、无修理尺寸的气缸(薄型缸套)达到 $0 \sim 4$ mm。其中有一项达到限值时必须修理或更换气缸(套)。

气缸的圆度误差和圆柱度误差均小于限值，而磨损小于 0.15 mm 时，可更换活塞及活塞环。

（2）　气缸的维修。

气缸磨损若未超过其使用极限，可更换活塞环继续使用。若气缸磨损超过使用极限，可采用修理尺寸法或镶套法修复。

新发动机的气缸体，其中未镶入气缸套，气缸磨损超过使用极限后，可采用修理尺寸法修复。根据气缸的磨损情况和原厂规定的修理尺寸等级，确定其修理尺寸。修理级别一般分为 $4 \sim 6$ 级，每级加大 0.25 mm。气缸的修理尺寸确定后，选择同级别的活塞。若磨损后的尺寸已经接近或超过最后一级修理尺寸，可采用镶套法（镶干式气缸套）进行修理或更换气缸体。对镶有干式气缸套的气缸体，气缸磨损超过使用极限后，可采用修理尺寸法修复。若磨损后的尺寸已经接近或超过最后一级修理尺寸，可采用镶套法修复。干式气缸套与承孔的过盈量一般为 0.03 ~ 0.08 mm，新的气缸套压装后上端平面应与气缸体上平面平齐。

对镶有湿式气缸套的气缸体，气缸磨损超过使用极限的，应更换。

2. 气缸盖的检修

气缸盖的主要耗损形式是裂纹、变形和积炭。

1）裂纹

气缸盖裂纹多发生在冷却水套薄壁处或气门座处，会导致漏水、漏油或漏气。气缸盖裂纹的检查和维修可参照气缸体裂纹进行。

2）变形

气缸盖变形是指与气缸体的接合平面的平面度误差超限。气缸盖变形的原因一般是热处理不当、缸盖螺栓拧紧力矩不均、缸盖螺栓拆卸顺序错误或放置不当等。气缸盖变形的检查方法与缸体变形的检查方法相同，如图 2-15 所示。当气缸盖与气缸体的接合平面的平面度误差超过 0.05 mm 时，应对其进行铣削或磨削修理。

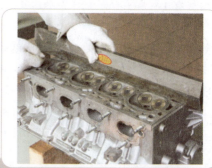

图 2-15 气缸盖平面度测量

3）积炭

气缸盖上燃烧室积炭过多，会使燃烧室容积变小，从而改变发动机的压缩比，如图 2-16 所示。燃烧室积炭可采用机械法或化学法进行清理。用机械法清除积炭比较简单，清除时利用钢丝刷或刮刀清除积炭。化学法清除积炭是利用化学溶剂对积炭浸泡 2 ~ 3 h，靠物理或化学作用使积炭软化，然后用刷洗或擦洗法去除积炭。

图 2-16 气缸盖上的积炭

3. 气缸垫的检修

气缸垫的常见故障是烧蚀击穿，如图 2-17 所示，其主要原因是气缸盖和气缸体的接合面不平、气缸盖螺栓的拧紧力矩不足等。气缸垫损坏后必须更换，不能修理。

图 2-17 烧蚀的气缸垫

三、机体组的拆装

机体组如图 2-18、图 2-19 所示。

图 2-18　机体组（一）

图 2-19　机体组（二）

1. 气缸盖的拆装

1）气缸盖的拆卸

步骤 1

拆下发动机上各传感器、执行器线束，如图 2-20 所示。

步骤 2

取下排气歧管，如图 2-21 所示。

图 2-20　拆下线束

图 2-21　取下排气歧管

步骤 3

拧下发动机进气歧管螺栓，取下发动机进气歧管，如图 2-22 所示。

步骤 4

松开水泵固定螺栓，取下水泵总成，如图 2-23 所示。

图 2-22 取下进气歧管

图 2-23 取下水泵总成

步骤 5

松开进气门、调整电动机固定螺栓，取下调整电动机，如图 2-24 所示。

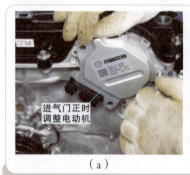

（a）

（b）

（c）

图 2-24 取下调整电动机

步骤 6

拆卸出水管座，如图 2-25 所示。

步骤 7

取下高压油泵，如图 2-26 所示。

图 2-25 拆卸出水管座

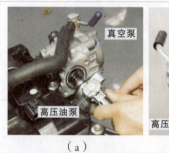

（a）

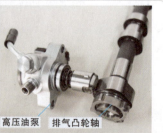

（b）

图 2-26 取下高压油泵

步骤 8

松开曲轴箱通风阀螺栓，取下通风阀，如图 2-27 所示。

步骤 9

取下点火线圈，如图 2-28 所示。

图 2-27　取下通风阀

图 2-28　取下点火线圈

步骤 10

用火花塞套筒，取下火花塞，如图 2-29 所示。

步骤 11

发动机附件拆解完毕，接着拧下气门室盖固定螺栓，取下气门室盖，如图 2-30 所示。

图 2-29　取下火花塞

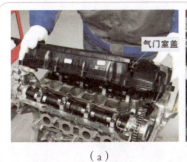

（a）

（b）

（c）

图 2-30　取下气门室盖

步骤 12

接下来拆卸的是高压油轨，燃油压力传感器位于油轨左侧，如图 2-31 所示。

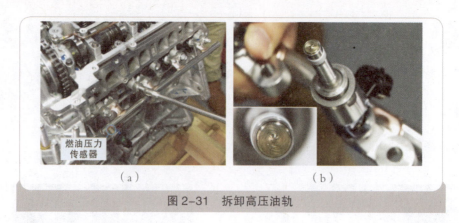

（a）　　　　　　　　　　　（b）

图 2-31　拆卸高压油轨

步骤 13

取下正时电磁阀，如图 2-32 所示。

步骤 14

松开曲轴皮带轮螺栓，取下曲轴皮带轮，如图 2-33 所示。

图 2-32　取下正时电磁阀

图 2-33　取下曲轴皮带轮

步骤 15

曲轴皮带轮卸下后，松开时规盖上的全部螺栓，便可卸下时规盖，如图 2-34 所示。

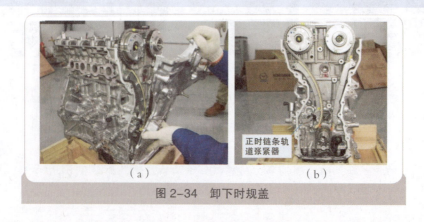

（a）　　　　　　　　　　　（b）

图 2-34　卸下时规盖

步骤 16

卸下链条张紧器后，取下正时链条，如图 2-35 所示。

步骤 17

拆卸凸轮轴盖，取下凸轮轴，如图 2-36 所示。

图 2-35　取下正时链条

（a）　　　　　　　（b）

图 2-36　取下凸轮轴

步骤 18

取下滚子摇臂及液压挺柱，如图 2-37 所示。

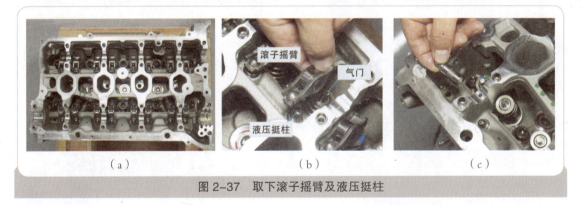

（a）　　　　　　（b）　　　　　　（c）

图 2-37　取下滚子摇臂及液压挺柱

步骤 19

拧下缸盖螺栓，取下气缸盖。缸盖拆卸完毕，如图 2-38 所示。

2）安装

按气缸盖拆卸的相反顺序安装。

图 2-38　取下气缸盖

2. 油底壳的拆装

1）油底壳的拆卸

步骤 1

用套筒工具取下油底壳固定螺栓，如图 2-39 所示。

步骤 2

取下油底壳，如图 2-40 所示。

图 2-39 取下固定螺栓

图 2-40 取下油底壳

2）安装

按拆卸过程的相反顺序安装。

注意：应将油底壳与缸体接触面原有的密封胶用铲刀剔除，然后打上新密封胶，如图 2-41 所示。

图 2-41 涂抹密封胶

任务三　活塞连杆组的构造与检修

一、活塞连杆组的功用及组成

　　活塞连杆组将活塞的往复运动变为曲轴的旋转运动，同时将作用于活塞上的力转变为曲轴对外输出转矩，以驱动汽车车轮转动。它是发动机的传动件。活塞连杆组主要由活塞、活塞环、活塞销和连杆等组成，如图 2-42 所示。

图 2-42　活塞连杆组

1. 活塞

1）活塞的作用

　　活塞的主要作用是承受气缸的气体压力，并将此力通过活塞销传给连杆，以推动曲轴旋转，它把燃烧气体的压力传给曲轴，使曲轴旋转并输出动力；活塞的顶部还与气缸盖、气缸壁共同组成燃烧室。

2）活塞的组成

　　活塞主要由顶部、头部和裙部组成。活塞顶部的形状与选用燃烧室有关。汽油机活塞的头部一般采用平顶，其优点是吸热面积小，制造工艺简单。有些活塞为了改变混合气形成而采用凹顶，凹坑的大小还可以调节发动机压缩比，如图 2-43 所示。

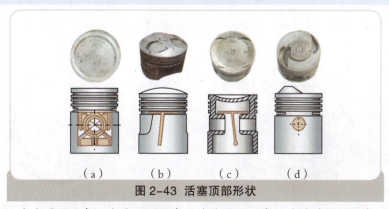

图 2-43　活塞顶部形状

（a）平顶活塞；（b）凸顶活塞；（c）凹顶活塞；（d）成型顶活塞

　　活塞头部是活塞环槽以上部分。其作用有：①承受气体压力，并传给连杆；②与活塞一起实现气缸密封；③将活塞顶所吸收的热量通过活塞环传给气缸壁。头部切有若干道环槽用以安装活塞环，汽油机一般有 2～3 道环槽，上面 1～2 道用于安装气环，下面一道用于安装油环。油环槽底面上钻有许多径向小孔，使被油环所刮下来的多余的机油，经过小孔流回油底壳。

　　活塞裙部是指自油环槽下端面起至活塞底面的部分。其作用是为使活塞在气缸内做往复运动导向承受侧压力。活塞工作时，燃烧气体压力作用在活塞的顶部，而活塞销反力作用在头部的销座孔处，由此产生的变形使裙部直径沿活塞销座轴线方向增大（受力变形）。侧压力使活塞裙部变形；活塞销座孔附近的金属堆，受热膨胀量大，致使裙部在受热变形时，活塞销座孔方向的膨胀量大。为了保证在冷态的情况下活塞与气缸壁的接触，在活塞裙部有开槽。由于活塞沿轴线受热和质量分布不均匀，所以活塞做成一个上小下大的近似圆锥形，如图 2-44 所示。

　　活塞销座孔也是活塞的组成部分之一，它将活塞顶部气体作用力经活塞销传给连杆。销座孔通常有肋片与活塞内壁相连，以提高其刚度。销座孔内有安装弹性卡环的卡环槽，卡环用来防止活塞销在工作中发生轴向窜动。

图 2-44　活塞

2. 活塞环

　　活塞环可分为气环和油环两种，如图 2-45 所示。

1）气环

（1）气环的作用与组成。

　　气环的作用是保证活塞与气缸壁间的密封，防止高温高压燃气进入曲轴箱；同时还将活塞顶部的大部分热量传导给气缸，再使其由冷却水或空气带走，如图 2-46 所示。

　　活塞环一般是用合金铸铁铸造的。第一道气环的工作表面一般镀有多孔铬(多孔铬的硬度高，能储存少量的机油)，其他一般镀锡或磷化，以改善磨合性能。活塞环上有一切口，且自由状态不是圆形，其尺寸比气缸的内径大，所以它随活塞一起装入气缸后，便产生弹力而紧贴气缸壁，使燃气不能通过环与气缸壁的接触面的间隙。切口一般为 0.25～0.8 mm。

图 2-45　活塞环

图 2-46　气环

（2）气环的常见故障。

活塞环工作时受到气缸中气体的高温高压作用，其温度较高，而且在气缸中高速运动，加上机油高温变质，润滑条件变坏，其磨损严重。活塞环磨损失效后，发动机出现起动困难、功率不足、曲轴箱压力升高、机油损耗量大、排气冒黑烟、活塞积炭严重。

由于气缸的磨损不均匀，使其变成锥度和椭圆性，活塞在其中往复运动，沿径向产生一张一缩的运动，使环受弯曲应力而容易折断，造成发动机卡死、拉缸，发动机不工作。

2）油环

油环主要是刮油、布油和辅助密封作用。油环用来刮除气缸壁上多余的机油，并在气缸壁上铺涂一层均匀机油膜，这样既可以防止机油窜入，又可以减小活塞与气缸的磨损与摩擦阻力。

油环分为普通油环和组合油环，如图 2-47 所示。普通油环一般是由铸铁制成的，其外圆中间切有一道凹槽，在凹槽的底部加工有许多排油孔。组合油环是由刮油片和两个弹性衬环组合而成的。轴向衬环夹装在第二、第三刮油片之间。

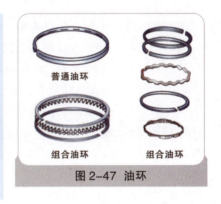
图 2-47　油环

3. 活塞销

活塞销的作用是连接活塞与连杆小端，将活塞承受的气体的作用力传递给连杆。活塞销为中空的圆柱体，一般采用低碳钢、低碳合金钢渗碳淬火或用 45 号中碳钢高频淬火，如图 2-48 所示。

根据活塞销的固定方式的不同，可分为全浮式或半浮式两种。活塞销与活塞销座孔的连接配合一般多采用"全浮式"，即在发动机运转过程中，活塞销不仅可以在连杆小头衬套孔内，还可以在销座孔内缓慢地转动，以使活塞销各部分的磨损比较均匀，如图 2-49 所示。

图 2-48　活塞销

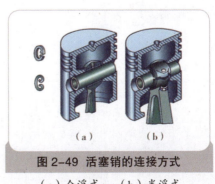
（a）　　　　（b）
图 2-49　活塞销的连接方式
（a）全浮式；（b）半浮式

4. 连杆

1）连杆的作用

连杆的作用是连接活塞和曲轴，把活塞的往复运动转变为曲轴的旋转运动，并将活塞承受的力传给曲轴，如图2-50所示。

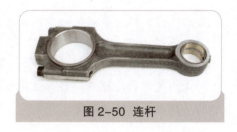

图2-50 连杆

2）连杆的组成

连杆一般由小头、杆身和大头三部分组成。连杆一般由中碳钢或合金钢弹压而成。连杆小头端与活塞销相连，工作时与销之间有相对运动，小头孔中有衬套（青铜）。在连杆的小端和衬套上钻有小孔（油道），用来润滑小端和活塞销。

连杆杆身通常制成工字形断面，以增加其强度和刚度，在其中间有润滑油油道。

连杆大头与曲轴的曲柄销相连，大头一般作剖分式，被分开的部分称为连杆盖，用特制的连杆螺栓紧固在连杆的大头上。连杆盖与连杆大头是组合搪孔，为了防止装配错误，在同一侧有配对记号。大头孔表面有很高的光洁度，以便与连杆轴瓦紧密贴合。连杆大头还铣有定位坑，连杆的大端还有油孔。

连杆大头按剖分面可分为平切口和斜切口两种。一般汽油机连杆大头的直径小于气缸的直径，采用平切口；柴油机受力大，其大头直径较大，超过气缸的直径，采用斜切口，一般与连杆轴线呈30°～60°夹角。

连杆螺栓是经常受交变应力作用的重要零件，安装必须牢固可靠，要符合工厂规定的拧紧力矩，分2～3次拧紧。

二、活塞连杆组的检修

1. 活塞的检修

1）活塞的磨损（图2-51）

活塞在工作中的最大磨损部位是活塞环槽，主要是由于气缸压力的作用，使活塞环对活塞环槽的单位面积的压力很高，同时活塞在高速往复运动中，活塞环对活塞环槽的冲击很大。尤其是第一道环槽，所承受的压力最大，周围的温度最高，且润滑条件差，因此磨损最为严重，以下逐渐减轻。环槽磨损后，会引起活塞环侧隙增大，使气缸漏气和窜油，润滑油进入燃烧室，燃烧产生大量积炭、结胶，

图2-51 磨损的活塞

使活塞环过热，失去弹性或卡死，造成发动机工作时冒黑烟，使用性能下降。

活塞裙部磨损相对环槽的磨损要小，当活塞裙部与气缸间隙过大时，工作时会产生敲缸，而且会导致润滑油过量燃烧。

活塞工作时，由于气体压力和惯性力的作用，活塞销与销座孔之间产生磨损，其最大磨损在上下方向。磨损使配合松旷，严重时，在工作中会出现不正常响声，目前大多采用更换活塞的方法解决。

2）活塞的选配

活塞的选配关键是保证活塞与气缸壁的间隙要达到标准。活塞的选组应根据测得的气缸直径，选配对应的组别。

测量活塞直径时，应在活塞裙部长轴方向，距活塞最下端 15～25 mm 处测量，如图 2-52 所示。此外，同组活塞的质量差不得超过 5 g，否则在运转中将引起发动机抖动。一般采用车削裙部内部或重新选配的方法解决。

发动机小修时，可根据需要更换个别活塞。更换时，必须查明损伤活塞的直径、高度、质量和材料。选配新活塞时，应尽可能和旧活塞完全一致，即更换同一级活塞、同一厂家生产的活塞，质量差和直径差应符合要求，这样可避免工作中因活塞热变形、性能不一致等引起的问题。

图 2-52　活塞直径测量

2. 活塞环的检修

1）活塞环的磨损

活塞环通常用灰铸铁铸造，为提高耐磨性，对第一道环的表面进行多孔性镀铬或喷钼。

多孔性镀铬使环面存有一定润滑油，可以把环的耐磨性提高 2～3 倍，气缸磨损也可减小 20%～30%。常见活塞环磨损有磨料磨损和拉毛磨损。在使用不当时，也可能出现活塞环失去弹性或断裂以及活塞烧顶等现象。

（1）磨料磨损。

磨料磨损主要是由进入气缸的尘土、机械杂质附在缸壁上发生活塞环和活塞磨料的磨损。由于第一道环背压最高、接触磨粒的机会最大，因此磨损最快。

（2）拉毛磨损。

拉毛是一种熔接过程，即在相互移动表面的高出部分因温度很高、间隙很小、相互摩擦严重，活塞环的小片金属熔化，发生熔接、拉毛。活塞环的拉毛通常发生在第一道气环到气缸上止点的位置。

（3）失去弹性和断裂。

在使用中未及时更换机油或发动机工作中产生断油、断水现象，引起发动机过热，就会使活塞环过热而失去弹性，有时产生大量积炭、结胶，影响环的散热，也会导致失去弹性。有时这种积炭、结胶会影响活塞环的运动，或引起卡死，使活塞环从活塞顶部断裂出来，破坏了发动机的正常运转。

（4）烧顶。

活塞烧顶是因发动机长期超负荷运行、燃料不当、冷却不良产生爆燃引起的。

2）活塞环的选配

活塞环与活塞一样，分标准尺寸和加大尺寸两种。在选用时，环的尺寸级别应与活塞的尺寸级别一致。

活塞球按断面形状常分为矩形环、桶形环、正扭曲环和反扭曲环。在安装时必须注意顺序，第一、二道环不要装错、装反，否则起不到密封作用。一般活塞环侧面常有记号，如圆点、文字或数字，有记号的一面在安装时应朝向活塞顶部。装反了，易引起窜油。

活塞环选定后，应进行如下检查修正：

（1）活塞环与缸壁的漏光检查。

将活塞推入气缸内，气缸底部放一小灯，观察活塞环与缸壁接触处透光的位置与透光的角度大小。其漏光的弧长应不大于25°，整个环的漏光处弧长总和不大于45°，在开口处左右30°内不得漏光，如超过上述数据应更换活塞环。

（2）活塞环开口间隙的测量。

将活塞环推入气缸内，将活塞翻转后，用活塞推动活塞环进入气缸，使活塞环垂直于缸筒，如图2-53所示。如果中修或小修换环时，必将活塞环推到环的下止点以下，因为此时气缸未经过镗磨，气缸直径上部大、下部小。如果气缸上部测量环的开口间隙合适，当环运行到下部时，间隙变小或无间隙，则会使活塞环折断，引起拉缸事故，故此时测量应在超过下止点处，并尽量取小间隙，以免在上部、中部时间隙过大，引起窜油。用塞尺插入活塞环开口，其开口间隙应符合标准值。

活塞环开口间隙大于规定，应另选活塞环；小于规定时，应对环口的一端加以锉修。锉修时应注意环口平整，锉后环外口应去掉毛刺，以防环口锋利而造成拉缸，如图2-54所示。

图2-53 活塞环开口间隙测量

图2-54 打磨活塞环开口

（3）**活塞环侧隙的测量。**

侧隙可用塞尺测量，如图2-55所示。侧隙过大影响活塞环的密封作用，过小会使其卡死在环槽内。如侧隙过小，可将活塞环放在下垫平板的细砂布上研磨，或用平板玻璃涂以500～800号金刚砂及润滑油，将活塞环放在玻璃上推磨。如果尺寸相差过大也可在车床上对环槽车削以加宽环槽，如在平面磨床上磨削活塞环，此时应注意退磁处理。不管用什么方法，其加工面必须是无记号的一面。活塞环的侧隙应符合标准值。

图2-55 活塞环侧隙的检验

3）活塞环的安装

锥面环安装时，不能装反。扭曲环安装时也必须注意断面形状和方向，内切口朝上，外切口朝下。为减少气体的泄漏，活塞环装入气缸时，第一道环的开口位置应避开做功行程受压面，各道环的开口应互相错开。对于有三道环的活塞环，每道环相错120°；有四道环的活塞环，第一道环和第二道环相错180°，第二道环和第三道环相错90°，第三道环和第四道环相错180°。各道环的环口应避开活塞的长短轴方向，形成迷宫式的漏气路线，增大漏气阻力，减少漏气量。活塞环安装时，可采用专用工具或徒手安装，如图2-56所示。

图 2-56　活塞环的安装

（a）用专用工具安装；（b）徒手安装

3. 活塞销和连杆组的修配

1）活塞销与活塞销座的修配

（1）活塞销的选配。

发动机工作时，活塞销受到气体压力和惯性力的作用，使其与销座孔以及连杆衬套相配合处产生磨损。间隙增大，严重时会产生敲击声，以往均以加大活塞销来恢复正常配合，近年来均采用成对更换活塞、活塞销来解决。这种方法能保证活塞销与活塞具有较高装配精度。

活塞销与座孔在常温下应有微量过盈，一般为 0.002 5 ~ 0.007 5 mm。当活塞处于 80 ℃左右时，有微量的间隙，活塞销能在座孔内转动。以往在修理中用铰削方法来保证配合间隙，近年来对座孔进行精加工，一般不再用铰削方法。

活塞销在选配时应注意选用同厂牌、标准尺寸的活塞销。销的圆柱度和圆度误差不大于 0.002 5 mm。

（2）活塞与活塞销的装配方法。

由于结构不同，装配方法也不相同。发动机常用的装配方法有热装法或压入法。

热装法是将活塞放在水中加热，当水沸腾后，将活塞迅速取出，并立即把活塞销压入活塞销座孔内。在装配前，应检查活塞销的配合情况。在 80 ℃左右，用拇指能将活塞销推进活塞。如果在较低温度下活塞销也能装上，则应更换活塞或活塞销。

压入法及其夹具。当需将活塞销压出活塞时，把长棒装在上方，短棒放在夹具体内。反之则将短棒放在上方，长棒放在夹具体内，这样便于压入时导向。垫圈缺口一面应朝上放入夹具内，活塞置于垫圈上。用这个夹具可避免压装时损坏活塞和产生变形。

活塞销装入座孔时，必须在销环槽内装上锁环。如果环槽过浅，则锁环易脱落，造成"拉缸"事故。具体要求如下：

①检查锁环的强度。用钳夹住锁环中央，用手扳锁环两端，若扳不断即可使用。

②钢丝锁环的锁环槽深度应为钢丝直径的 2/3 ~ 4/5，钢片锁环槽深度应为 0.6 ~ 0.7 mm。锁环槽深度不够时应加工为合适深度。

③锁环装入环槽内，应与环槽贴合牢靠。锁环与活塞销两端应留 0.1 mm 以上的间隙，以防活塞销受热伸长顶出锁环，造成事故。如果间隙不够，可将活塞销磨短。

《《2）活塞销和连杆衬套的修配

对于全浮式结构的活塞销，在发动机大修时，在更换活塞与活塞销的同时必须更换连杆衬套，以恢复其正常配合，否则在运转中会产生异响，引起冲击。

（1）连杆衬套的选配。

新衬套的外径与座孔应有 0.06 ~ 0.15 mm 的过盈量，以保证衬套在工作时不走外圆。过盈量过大会造成衬套压装困难，甚至压坏衬套。应通过测量选配新衬套。

（2）更换衬套。

①压出旧衬套，如图 2-57 所示。

②装入新衬套。将衬套的倒角一端对着连杆小端有倒角的一端，整体式衬套上的油孔应对正连杆小端油孔；再将衬套放正，垫上专用铣头，在压床或台钳上缓缓压入至与端面齐平。

图 2-57　压出旧衬套

（3）铰削衬套。

①选择铰刀。根据活塞销直径选择手动可调节铰刀，并将铰刀的刀把垂直装于台虎钳口并夹紧。

②调整铰刀。把连杆小端套入铰刀，一手托住连杆大端，一手压下连杆小端，以刀刃露出衬套上面 3 ~ 5 mm 为第一刀的铰削量，以后各刀可将调整螺母旋转 $60° ~ 90°$。作为吃刀量，最后一刀可小些。

③铰削。操作时，应一手把持住连杆小端并向下略施压力，一手托住连杆大端并使之按顺时针方向均匀用力扳转进行铰削，如图 2-58 所示。铰削时，应保持连杆杆身与铰刀轴线相垂直，以防铰偏。保持铰刀不变，再将连杆翻转重铰一次，以保证衬套内圆的圆柱度。

④试配。为防止铰削过度，应边铰削边用活塞销试配。试配时，当用手掌力能将活塞销推入衬套 1/3 ~ 2/5 时，应停止铰削。将活塞销放正，用木槌敲入衬套内，然后用台虎钳夹紧活塞销的两端，来回转动连杆数次，如图 2-59 所示，再将销敲出，视衬套接触印痕及配合松紧程度进行刮削修正。

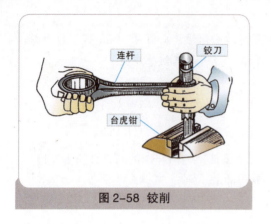

图 2-58 铰削

图 2-59 检验活塞销连杆衬套配合

⑤修刮。根据衬套接触印痕和松紧度，用刮刀修刮。刮削一般按刮重留轻、刮大留小的原则进行。衬套修刮后，与活塞销的松紧度应合适，即以拇指力能将涂有润滑油的活塞销推入衬套。接触印痕应呈点状均匀分布，轻重一致，接触面积应不小于75%。

对于半浮式结构的连杆，由于活塞销与连杆小孔为紧配合，故无须修配。

《3）连杆组的检修

连杆组的检修主要有连杆变形的检验与校正、连杆小端衬套的压装与铰削及连杆大端与下盖结合平面损伤的修理等。

（1）连杆变形的检验。

连杆变形的检验需在连杆校验仪上进行，如图 2-60 所示。连杆校验仪能检验连杆的弯曲、扭曲、双重弯曲的程度及方位。校验仪上的菱形支撑轴能保证连杆大端轴承孔轴向与检验平板相垂直。

检验时，首先将连杆大端的轴承盖装好，不装连杆轴承，并按规定的拧紧力矩将连杆螺栓拧紧，同时将心轴装入小端衬套的承孔中。然后将连杆大端套装在支承轴上，通过调整定位螺钉使支承轴扩张，并将连杆固定在校验仪上。测量工具是一个带有 V 形槽的"三点规"。三点规上的三点构成的平面与 V 形槽的对称平面垂直，两下测点的距离为 100 mm，上测点与两下测点连线的距离也是 100 mm。

图 2-60 连杆校验仪

测量时，将三点规的 V 形槽靠在心轴上并推向检验平板。若三点规的三个测点都与检验仪的平板接触，说明连杆没变形。若上测点与平板接触，两下测点不接触且与平板的间隙一致，或下两测点与平板接触，两下测点不接触，表明连杆弯曲。可用塞尺测出测点与平板之间的间隙，即为连杆 100 mm 长度上的弯曲度，如图 2-61（a）所示。若只有一个上测点与平板接触，另一下测点与平板不接触，且间隙为上测点与平板间隙的两倍，这时下测点与平板的间隙，即为连杆在长度 100 mm 长度上的扭曲度，如图 2-61（b）所示。

有时在测量连杆变形时，会遇到以下两种情况：

①连杆同时存在弯曲和扭曲，反映在一个下测点与平板接触，但另一个下测点的间隙不等于上测点间隙的两倍。这时，下测点与平板的间隙为连杆扭曲度，而上测点间隙与下测点间隙的一半的差值为连杆弯曲度。

②连杆存在如图 2-61（c）所示的双重弯曲，检验时先测量出连杆小端端面与平板距离，再将连杆翻转 180° 后，按同样方法测出此距离。若两次测出的距离数值不等，即说明连杆有双重弯曲，两次测量数值之差为连杆双重弯曲度。

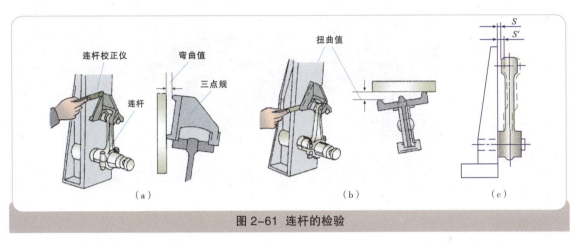

图 2-61　连杆的检验

（a）连杆弯曲的检验；（b）连杆扭曲的检验；（c）连杆双重弯曲的检验

（2）连杆变形的校正。

在校正连杆时，首先要记下连杆弯曲与扭曲的方向和数值，用连杆校正器进行校正。通常是先校正扭曲，再校正弯曲。校正时，应避免反复的过校正。

校正扭曲时，先将连杆下盖按规定装配和拧紧，然后用台虎钳（钳口垫以软金属垫片）夹紧连杆大端侧面，使用专用扳钳在连杆杆身上、下部位校正扭曲变形，如图 2-62 所示。

校正弯曲时，将弯曲的连杆置入专用的压器，如图 2-63 所示。弯曲的凸起部位朝上，扳转丝杠使连杆产生反向变形并停留一定时间，待金属组织稳定后再卸下，检查连杆的回位量，经反复校正，直至连杆校正至合格为止。

图 2-62　校正扭曲

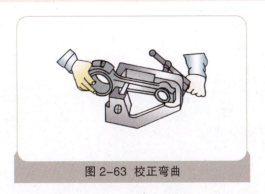

图 2-63　校正弯曲

三、活塞连杆组的拆装

1. 拆卸活塞连杆组

步骤1

取下气缸盖和油底壳，如图 2-64 所示。

（a）　　　　　　　　　　　（b）

图 2-64　取下气缸盖和油底壳

步骤2

用套筒松开固定螺母，取下时规盖，如图 2-65 所示。

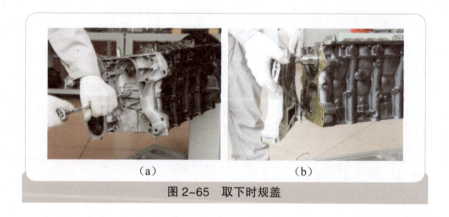

（a）　　　　　　　　　　　（b）

图 2-65　取下时规盖

步骤3

取下密封垫片，如图 2-66 所示。

步骤4

用扭力扳手拧松连杆盖固定螺母，如图 2-67 所示。

图 2-66　取下密封垫片

图 2-67　拧松连杆盖固定螺母

步骤 5

将机体横置，取下连杆固定螺母及连杆盖，如图 2-68 所示。

（a）　　　　　　　　　　（b）

图 2-68　取下连杆固定螺母及连杆盖

步骤 6

用橡胶锤轻推连杆本体，将活塞连杆组取出，如图 2-69 所示。

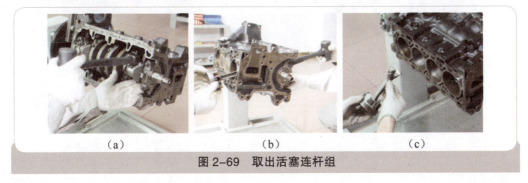

（a）　　　　　　　（b）　　　　　　　（c）

图 2-69　取出活塞连杆组

◎ **注意：**

另一人在对面接住活塞，防止活塞掉地面。

步骤 7

同理，拆下其他活塞连杆组，如图 2-70 所示。

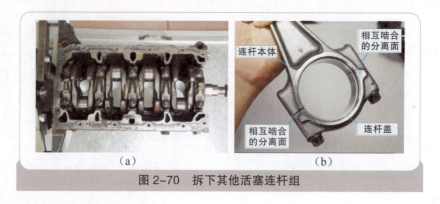

图 2-70 拆下其他活塞连杆组

2. 活塞连杆组的安装

按拆卸过程的相反步骤安装。

3. 活塞连杆组的分解与组装

1) 活塞连杆组的分解

步骤 1

用活塞环拆装钳拆下第一道气环，如图 2-71 所示。

步骤 2

同样方法，用活塞环拆装钳拆下第二道气环，如图 2-72 所示。

图 2-71 拆下第一道气环

图 2-72 拆下第二道气环

步骤 3

拆下组合油环（组合油环包括上刮片、下刮片、衬簧），如图 2-73 所示。

步骤 4

用尖嘴钳拆下活塞销卡环，如图 2-74 所示。

图 2-73　拆下组合油环

图 2-74　拆下活塞销卡环

步骤 5

用专用工具拆下活塞销，取出活塞销，如图 2-75 所示。

《2）组装

按分解过程的相反顺序进行组装。

图 2-75　拆下活塞销

曲轴飞轮的构造与检修

一、曲轴飞轮组的组成

曲轴飞轮组主要由曲轴、飞轮、曲轴带轮、正时齿轮（或链轮）等组成，如图 2-76 所示。

1. 曲轴

1）曲轴的功用

曲轴的功用是把活塞连杆组传来的气体压力转变为扭矩通过飞轮对外输出，另外，还用来驱动发动机的配气机构及其他辅助装置（如发电机、风扇、水泵和转向油泵等）。

曲轴的材料大多采用优质中碳钢或中合金碳钢，有的采用球墨铸铁。为了提高曲轴的耐磨性，其主轴颈和连杆轴颈表面上均需高频淬火或氮化。

图 2-76 曲轴飞轮组结构

2）曲轴的构造

如图 2-77 所示，曲轴由主轴颈、连杆轴颈、曲柄、油孔、前端轴和曲轴后端等组成，有的发动机还包括平衡重。一个连杆轴颈和它两端的曲柄及相邻两个主轴颈构成一个曲拐。

图 2-77 曲轴的构造

（1）主轴颈和连杆轴颈。

轴颈是曲轴的支撑部分。如图 2-78 所示，每个连杆轴颈两边都有一个主轴颈的曲轴，称为全支撑曲轴；主轴颈数等于或少于连杆轴颈数的曲轴，称为非全支撑曲轴。

直列式发动机的全支撑曲轴，其主轴颈总数（包括曲轴前端和后端的主轴颈）比气缸数多一个；V 形发动机的全支撑曲轴，其主轴颈总数比气缸数的一半多一个。

全支撑曲轴的优点是可以提高曲轴的刚度，并且可减轻主轴承的载荷；缺点是曲轴的加工表面增多，主轴承数增多，使机体加长。

曲轴的连杆轴颈是曲轴与连杆的连接部分，通过曲柄与主轴颈相连，在连接处用圆弧过度，以减少应力集中。直列发动机的连杆轴颈数和气缸数相等，V 形发动机的连杆轴颈数等于气缸数的一半。

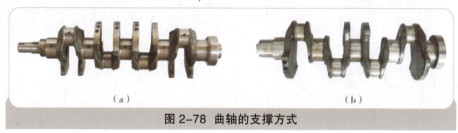

图 2-78　曲轴的支撑方式

（a）全支撑曲轴；（b）非全支撑曲轴

（2）曲柄和平衡重。

曲柄是主轴颈和连杆轴颈的连接部分，断面为椭圆形，为了平衡惯性力，曲柄处铸有（或紧固有）平衡重。平衡重用来平衡发动机不平衡的离心力，有时还用来平衡一部分往复惯性力，从而使曲轴旋转平稳。

平衡重有的与曲轴制成一体；有的单独制成零件，再用螺栓固定在曲柄上，形成装配式平衡重；刚度相对较大的全支撑曲轴没有平衡重。无论有无平衡重，曲轴本身必须经过动平衡校验，对不平衡的曲轴，常在其偏重的一侧钻去一部分质量而使其达到平衡。

（3）其他部分。

曲轴前端装有正时齿轮、驱动风扇、水泵的带轮以及起动爪等。为了防止机油沿曲轴轴颈外漏，在曲轴前端装有一个甩油盘，在齿轮室盖上装有油封。曲轴的后端用来安装飞轮，在后轴颈与飞轮凸缘之间制成挡油凸缘与回油螺纹，以阻止机油向后窜漏。

3）曲拐布置和点次序

曲轴的形状和各曲拐的相对位置取决于气缸数、气缸排列方式和点火次序。直列式发动机曲轴的曲拐数等于气缸数；V 形发动机曲轴的曲拐数等于气缸数的一半。

在安排多缸发动机的点火次序时，应使连续做功的两缸相距尽可能远，以减轻主轴承的载荷，同时避免可能发生的进气重叠现象（即相邻两缸进气门同时开启），以免影响充气；做功间隔应力求均匀，就是说，在发动机完成一个工作循环的曲轴转角内，每个气缸都应点火做功一次，而且各缸点火的间隔时间 (以曲轴转角表示，称为点火间隔角) 应力求均匀。

对缸数为 i 的四冲程发动机而言，点火间隔角为 720° $/i$，即曲轴每转 720° $/i$ 时，就应有一个缸做功，以保证发动机运转平稳。

①四缸四冲程发动机的点火次序和曲拐布置。点火间隔角应为 720° $/4 = 180°$，其曲拐布置如图 2-79 所示，四个曲拐布置在同一平面内。点火次序有两种可能的排列法，即 4—3—4—2 或 1—2—4—3。1—2—4—3 的工作循环见表 2-1。

图 2-79 直列四缸发动机的曲拐布置

表 2-1 四缸发动机工作循环 (点火顺序：1-2-4-3)

曲轴转角 /(°)	第一缸	第二缸	第三缸	第四缸
0 ~ 180	做功	压缩	排气	进气
180 ~ 360	排气	做功	进气	压缩
360 ~ 540	进气	排气	压缩	做功
540 ~ 720	压缩	进气	做功	排气

②六缸四冲程发动机的点火次序和曲拐布置。点火间隔角应为 720° $/6 = 120°$，这种曲拐布置如图 2-80 所示，六个曲拐对称布置在三个平面内，各平面夹角为 120°。曲拐的具体布置有两种方案，第一种点火次序：1—5—3—6—2—4，这种方案应用较普遍，国产汽车的六缸发动机的点火次序都用这种方案，其工作循环见表 2-2，另一种点火次序是：1—4—2—6—3—5。

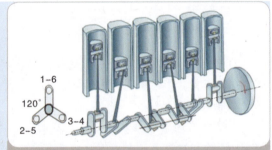

图 2-80 直列六缸发动机的曲拐布置

表 2-2 直列六缸发动机工作循环 (点火次序：1-5-3-6-2-4)

曲轴转角 /(°)		第一缸	第二缸	第三缸	第四缸	第五缸	第六缸
0 ~ 180	0~60	做功	排气	进气	做功	压缩	进气
	60 ~ 120	做功	排气	压缩	排气	压缩	进气
	120 ~ 180	做功	进气	压缩	排气	做功	进气
180 ~ 360	180 ~ 240	排气	进气	压缩	排气	做功	压缩
	240 ~ 300	排气	进气	做功	进气	做功	压缩
	300 ~ 360	排气	压缩	做功	进气	排气	压缩
360 ~ 540	360 ~ 420	进气	压缩	做功	进气	排气	做功
	420 ~ 480	进气	压缩	排气	压缩	排气	做功
	480 ~ 540	进气	做功	排气	压缩	进气	做功
540 ~ 720	540 ~ 600	压缩	做功	排气	压缩	进气	排气
	600 ~ 660	压缩	做功	进气	做功	进气	排气
	660 ~ 720	压缩	排气	进气	做功	压缩	排气

③八缸四冲程发动机点火次序和曲拐布置。缸数 $i=8$，点火间隔角应为 720°/8=90°。V 形发动机左右两列中相对应的一对连杆共用一个曲拐，所以 V 形八缸发动机只有四个曲拐，其布置可以与四缸机一样，四个曲拐布置在同一平面内，也可以布置在两互相错开 90° 的平面内，如图 2-81 所示，这样可使发动机得到更好的平衡性，点火次序为 1—5—4—8—6—3—7—2，其工作循环见表 2-3。

图 2-81　八缸 V 形发动机的曲拐布置

表 2-3　四冲程 V 形八缸发动机工作循环（点火次序：1-5-4-8-6-3-7-2）

曲轴转角/(°)		第一缸	第二缸	第三缸	第四缸	第五缸	第六缸	第七缸	第八缸
0 ~ 180	90	做功	做功	排气	压缩	压缩	进气	排气	进气
	180	做功	排气	进气	压缩	做功	进气	排气	压缩
180 ~ 360	270	排气	排气	进气	做功	做功	压缩	进气	压缩
	360	排气	进气	压缩	做功	排气	压缩	进气	做功
360 ~ 540	450	进气	进气	压缩	排气	排气	做功	压缩	做功
	540	进气	压缩	做功	排气	进气	做功	压缩	排气
540 ~ 720	650	压缩	压缩	做功	进气	进气	排气	做功	排气
	720	压缩	做功	排气	进气	压缩	排气	做功	进气

2. 飞轮

1) 飞轮的功用

飞轮是一个转动惯量很大的圆盘，如图 2-82 所示，飞轮的主要功用是用来储存做功行程的能量，用于克服进气、压缩和排气行程的阻力和其他阻力，使曲轴能均匀地旋转；飞轮外缘压有的齿圈与起动电动机的驱动齿轮啮合，供起动发动机用，并使发动机有可能克服短时间的超载荷；汽车离合器也装在飞轮上，利用飞轮后端面作为驱动件的摩擦面，用来对外传递动力。

图 2-82　发动机飞轮

2) 飞轮的构造

飞轮为一外缘有齿圈的铸铁圆盘。为了在保证有足够的转动惯量的前提下，尽可能减小飞轮的质量，应使飞轮的大部分质量都集中在轮缘上，因而轮缘通常做得又宽又厚。

3. 汽车的燃油经济性

汽车的燃油经济性是指在保证汽车动力性的条件下，汽车以尽量少的燃油消耗量经济行驶的能力。

4．发动机滑动轴承

汽车发动机滑动轴承有：连杆轴承、主轴承和曲轴止推轴承等。

1）连杆轴承和主轴承

钢背是轴瓦的基体，由 1～3 mm 厚的低碳钢板制造，以保证其有较高的机械强度。在钢背上浇铸减摩合金层，减摩合金材料主要有锡基合金、铜基合金和铝基合金。

锡基合金也叫巴氏合金，其减摩性好，常用于负荷不大的汽油机。

铜铅合金和高锡铝合金轴瓦，被广泛用于汽油机和柴油机。在轴瓦的结合端冲压出定位唇，在轴承孔中加工有定位槽，以便装配时能正确定位。在主轴承和连杆轴承的上、下轴瓦上均加工有环形油槽和油孔，以便不间断地向连杆小头喷油孔供油。有的发动机为了润滑连杆轴承和曲柄销的需要，只在主轴承的上轴瓦加工有环形油槽。

连杆轴承和主轴承均由上、下两片轴瓦对合而成，如图 2-83 所示。每一片轴瓦都是由钢背和减摩合金层或钢背、减摩合金层和软镀层构成，前者称为二层结构轴瓦，后者称三层结构轴瓦。

半圆环止推片一般为四片，上、下各两片，分别安装在机体和主轴承盖上的浅槽中，用定位舌或定位销定位，防止其转动。装配时，需将有减摩合金层的止推面朝向曲轴的止推面，勿装反。止推轴承环为两片止推圆环，分别安装在第一主轴承盖的两侧。

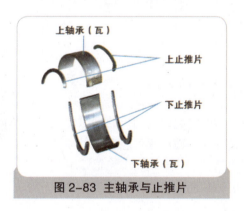

图 2-83 主轴承与止推片

2）曲轴止推轴承

汽车行驶时由于踩踏离合器会对曲轴施加轴向推力，使曲轴发生轴向窜动。过大的轴向窜动将影响活塞连杆组的正常工作和破坏正确的配气定时及柴油机的喷油定时。为了保证曲轴轴向的正确定位，需装设止推轴零件。

曲轴止推轴承有翻边轴瓦、半圆环止推片和止推轴承环三种形式。翻边轴瓦是将轴瓦两侧翻边作为止推面，在止推面上浇铸减摩合金。轴瓦的止推面与曲轴止推面之间留有 0.06～0.25 mm 的间隙，从而限制了曲轴轴向窜动量。

二、曲轴飞轮的检修

1．曲轴的检修

1）曲轴的弯曲变形与检查

曲轴弯曲的检查如图 2-84 所示。曲轴应在平板上进行检查。将曲轴两端主轴颈支撑在平板上的 V 形架上。用百分表测量曲轴中间一道主轴颈在旋转一周时的径向圆跳动，其值的一半即为曲轴的弯曲度。主轴颈为偶数，应测中间两主轴颈的跳动量，以最大值为准。

曲轴弯曲度不超过 0.05 mm 时可不加修整。弯曲度在 0.05～0.10 mm 时，可以结合轴颈磨削给予修正。如超过 0.1 mm 时，应予校正。

曲轴的校正可在压力机上进行，如图 2-85 所示。在校正时，应在压力机的压杆与曲轴轴颈之间垫铜片，以免损伤轴颈表面。在校正过程中，要使校正量比原弯曲量稍大，以消除弹性变形的影响，校正量的大小与曲轴材料和弯曲强度有关，铸钢和中碳钢弯曲变形在 0.1 mm 时，校正量为 3～4 mm，保压 1～2 min 即可。对球墨铸铁曲轴，校正量为 1～1.5 mm。当曲轴变形较大时，校正必须反复多次进行，直至符合标准。校正后的曲轴，应垂直存放，并用锤子轻击轴颈两侧曲轴柄，以消除曲轴受压变形时产生的内应力。也可在 300 ℃～500 ℃下保温 0.5～1 h 后自然冷却，以消除内应力。

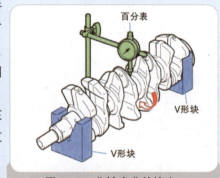

图 2-84　曲轴弯曲的检查

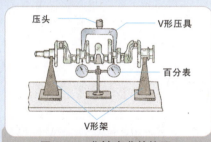

图 2-85　曲轴弯曲的校正

如果没有压床，可在气缸体上检查和校正曲轴。将气缸体倒放在平台上，在前后两轴承孔内装上旧轴承（中间轴承不装），在轴承上加少量润滑油，然后将曲轴放上。在缸体边缘装置百分表，用手轻轻转动曲轴，在中间轴颈测出弯曲的最大位置，将轴承盖用软铅或其他软材料垫实，卡住轴颈，扭紧轴承盖螺栓，使曲轴变形。其变形量较弯曲值大 10～15 倍，并保持 1～3 h，松螺栓后复检，不合格者继续校正，直至符合标准。

2）曲轴裂纹的检查和修理

曲轴裂纹多发生在主轴轴颈或连杆轴颈与曲柄相连接的过渡圆角处，以及轴颈中间油孔处。曲柄圆角处容易出现裂纹，是因为此处断面形状的变化，会产生很大的应力集中。另外，轴颈表面经淬火时，圆角处多淬不硬，从而使圆角处疲劳强度降低。

曲轴的裂纹可以用磁力探伤、超声波探伤、着色探伤等方法检验。一般简易检验方法是将曲轴放入煤油中浸泡，取出擦净撒上白粉，用锤子分段敲击曲柄，裂缝内煤油受振动会从裂纹中渗出，使裂纹处的白粉上显出油迹。

曲轴的油孔四周有长度不超过 5 mm 的浅花裂纹，或未延伸到轴颈圆角和油孔处的纵向裂纹且长度不超过 10 mm 的，允许光磨修理后使用。

裂纹修理需进行焊接。一般无焊接技术的修理单位应更换新件。

3）曲轴轴颈磨损的检验和修理

曲轴轴颈的磨损是不均匀的。其主要表现是轴颈的圆度与圆柱度偏差加大。曲轴的连杆轴颈通常其内侧磨损严重，即靠近主轴颈的一侧处，这是由于连杆大头离心惯性力的作用。主轴颈通常靠近连杆轴颈一侧磨损严重，这是由于连杆大头与连杆轴颈等离心力的作用。轴颈长期使用后可能出现圆柱度误差超出公差范围，这是因油道口与轴颈表面斜交，会使润滑油中杂质在曲轴旋转时，沉积在油道的上侧壁上，这些杂质在到达轴颈表面时会流向轴颈的一侧，造成该处磨损加快。

（1）曲轴轴颈的检验。

用内径千分尺按三段纵横测量其外径尺寸。在轴颈的同一横断面最大直径与最小直径之差（即圆度偏差），超过 0.03 mm，就应进行修理，如图 2-86 所示。

在同一纵断面上最大直径与最小直径之差超过 0.01 mm 也要进行修理。

图 2-86 曲轴主轴颈直径的测量

（2）曲轴轴颈的修理。

修理时，采用缩小直径的方法来恢复几何形状和配合间隙。直径缩小的尺寸，各车型均有分级标准。为了保证曲轴的强度，通常汽油机轴颈最大缩小量为 1.5～2 mm，柴油机为 2～3 mm。因此，曲轴轴颈磨损超过最大修理尺寸应更换新曲轴。如果多数轴颈磨损还在修理范围内，仅个别轴颈磨损严重，暂时又无新曲轴更换，则可对磨损严重的轴颈采取喷镀、涂镀或镀硬铬等方法修复。

如曲轴轴颈的圆度和圆柱度均未超过规定限度，仅有擦伤、起槽、毛糙、疤痕和烧蚀，则可用与轴颈宽度相同的细砂布缠绕在轴颈上，再用麻绳或布条在砂布上绕 2～3 周，然后用手往复拉动，进行光磨。轴颈伤痕磨去后，为提高轴颈光洁，应先将磨料清洗，涂上一层润滑油，再进行抛光处理，如图 2-87 所示。

此外，在曲轴轴颈的修理中应注意以下几点：

① 磨削曲轴应尽可能以曲轴两顶尖定位，顶尖在使用前应清洁、整理并研磨，尽量不用三爪卡盘来装夹。

② 磨削时应先磨削主轴颈、后磨削连杆轴颈，因为主轴颈中心线是确定和检查曲柄半径的基准。

③ 应将主轴颈和连杆轴颈的修磨尺寸取在同一级别，以便选配统一级别的轴瓦。

④ 轴颈两端圆角应具有规定的半径，并精加工。一般用特制抛光膏涂在毛毡或尼龙带上，

用专用夹具压在圆角上，曲轴与尼龙带按每分钟 10 ~ 12 转的相对速度进行抛光。

⑤ 将所有油孔和油槽的边缘重新倒角和抛光。

⑥ 去除平衡重上的所有毛刺。

⑦ 磨削完后应探伤、清洗，彻底去除油道中的杂质等。

⑧ 磨削后应进行动平衡试验，如超标可在平衡块上加以修正。通常不平衡量控制在 5 g·cm 以下。

⑨ 磨削后曲轴应竖直堆放，并涂上防锈剂。

图 2-87　抛光后的曲轴轴颈

2. 曲轴轴承与连杆轴承的检修

轴瓦在工作中承受较大冲击载荷和高速的摩擦，工作时产生大量的热量，所以轴承在使用中的损坏，主要是磨损、疲劳、剥落和烧熔，小瓦的上半瓦和大瓦的下半瓦尤为突出。

1）轴瓦厚度的测量

由于轴瓦在座孔中应不旋转，且无轴向窜动，与轴承座紧密贴合，应为过盈配合。这样轴瓦装入座孔后其分割面处将出现向内收缩的趋势。对旧轴瓦，因承受冲击力，也有使接口出现内收倾向。为了保证安装方便，避免擦伤轴颈，开口端也需放大尺寸。基于上述原因，生产中在开口端接合面的 10° ~ 20° 处，削薄 0.02 ~ 0.07 mm。因此，测量轴瓦装配后的内径，应垂直于分离面方向或左右 60° 方向上测量。当用测量轴瓦的厚度来保证间隙以确定加工尺寸时，则应以测量垂直于分离面处的厚度为准，如图 2-88 所示。

这样只要测量轴承孔的尺寸，减去两倍的厚度尺寸，再减去规定的间隙量就可得到曲轴修磨时应达到的尺寸与公差，如此加工的曲轴就可避免刮削，如图 2-89 所示。

图 2-88　轴承厚度的测量

图 2-89　轴承孔直径的测量

2）曲轴轴承的选配

（1）轴瓦的弧度。

新的轴瓦装入座孔内贴合后，两端应高出 0.03 ~ 0.05 mm，以保证轴瓦与座装配后紧密贴合，提高散热效果。

（2）检查轴瓦弧度长的方法。

将轴瓦装好，装上轴瓦盖，按规定的力矩拧紧一端，在另一端座与盖的平面插入 0.05 mm 的塞尺，当把该端螺栓拧紧到 9.8～19.6 N·m 时，塞尺抽不出，则轴瓦弧度长合适，如果能抽出，则说明过长。此时应在无凸榫一端，将轴瓦锉低一些。如果未达上述力矩已抽不动，则说明轴瓦太短，应另选配。

（3）注意事项。

①轴瓦安装时，要检查背面光滑，座孔光滑；轴瓦装入时，切勿触摸工作表面和背面以及承孔表面，应用两手指握住轴瓦的侧面沿着承孔推入。

②推入后在轴瓦工作表面涂敷足够的发动机机油。注意：轴瓦背面机油应擦掉。

③曲轴安装后，在装轴盖时，要小心，切勿划伤曲轴的轴颈，并注意瓦盖的方向（记号向前）。

④按规定程序分 2～3 次拧紧紧固螺栓，以使达到规定的力矩。

3）间隙的检查

间隙测量可以用分厘卡和内径量缸表测量，但这个方法麻烦，通常用塑料条、百分表来检查间隙，如图 2-90、图 2-91 所示。

图 2-90 用塑料条检查曲轴轴向间隙

图 2-91 用百分表检查曲轴轴向间隙

实践证明，在测量与安装中如不按标准力矩拧紧螺栓，则过紧将使发动机功率下降，过松将引起发动机机件故障。

3. 飞轮的检修

飞轮常见的损坏主要是齿圈磨损、打坏和离合器接触工作面磨损。在进行发动机大修时，应检查飞轮的磨损，并根据实际情况进行修理。

1）飞轮齿圈的修理

　　齿圈与起动机齿轮在发动机起动时有冲击，产生碰撞，或因啮合不良，容易造成轮齿的磨损和损坏。发动机只能向一个方向旋转，所以齿圈的齿只有一个面会发生磨损。因此可将齿圈翻面继续使用。齿圈个别齿打坏，可继续使用，齿圈两面均严重磨损超过齿圈长的30%，或齿连续损坏四个以上，应更换齿圈。

　　齿圈与飞轮的配合是过盈配合，其过盈量为 0.25 ~ 0.97 mm，拆卸时，可用加热齿圈的方法使其脱下。装配时，将新齿圈在油中或烘箱内加热至 300 ℃ ~ 500 ℃，趁热套在加工好的飞轮外圈的凸缘上。

　　若齿圈的齿磨损不严重，但齿圈松动，可以在齿圈与飞轮的接合圈上，互为120°打三个孔，过盈压入三个钢销后，可继续使用。

2）飞轮工作面的修理

　　由于离合器片铆钉头部露出，飞轮工作平面可能磨损成波浪形沟槽，其深度超过 0.5 mm 时应磨光或在车床上精车后磨光。经修理后，飞轮厚度一般不得小于新飞轮的 1.2 mm。波浪形沟槽深度不超过 0.5 mm 时，允许有不多于两道的环形沟痕存在，但应消除毛刺，以免划伤离合器摩擦片。

3）飞轮平面偏摆的检验与调整

　　飞轮装到曲轴上，在飞轮半径 150 mm 处，飞轮平面的摆差不得大于 0.15 mm，以保证曲轴与飞轮的动平衡，减少离合器有关机件的损伤。如摆差超过允许值，应在飞轮与曲轴的接合面之间加金属垫片进行调整，该处不允许用机械加工的方法修复。

4）曲轴飞轮组的动平衡

　　曲轴经修磨或飞轮修理，组装成一体后应进一步给予动平衡校验，不平衡量不得超过 10 g·cm。否则会使发动机工作时产生很大振动，使曲轴飞轮组和相连的总成产生损伤。

三、曲轴的拆装

1．拆卸

步骤1

　　拧松曲轴轴承盖螺栓，如图 2-92 所示。

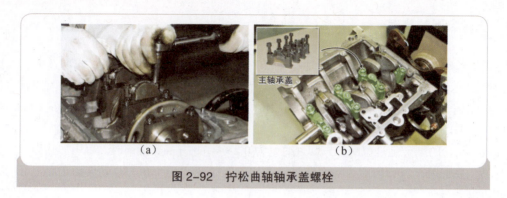

图 2-92　拧松曲轴轴承盖螺栓

步骤 2

用橡胶锤轻轻敲击曲轴轴承盖，使轴承盖松动，取下曲轴轴承盖，如图 2-93 所示。

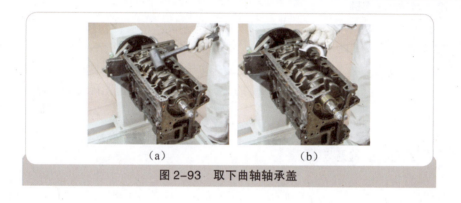

图 2-93　取下曲轴轴承盖

步骤 3

取下曲轴，如图 2-94 所示。

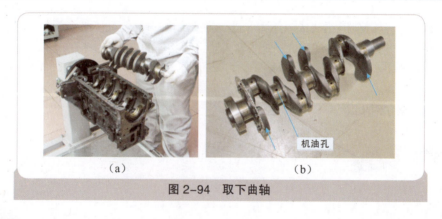

图 2-94　取下曲轴

步骤 4

取下轴瓦和止推垫片，如图 2-95 所示。

（a）　　　　　　　　　　　（b）

图 2-95　取下轴瓦和止推垫片

步骤 5

拆卸完成，如图 2-96 所示。

2. 安装

按拆卸过程的相反步骤安装。

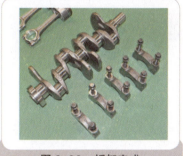

图 2-96　拆卸完成

任务五 曲柄连杆机构故障诊断与排除

曲柄连杆机构的故障主要表现为异响。就汽车而言，异响是指汽车总成或机构在工作中产生的超过技术文件规定的不正常的响声。

曲柄连杆机构的异响一般是由某些运动件自然磨损使其间隙过大，润滑不良，紧固不良或修理调整不当等原因引起。曲柄连杆机构异响常与发动机的转速、负荷、温度和缸位有关。

一、曲轴主轴承响

1. 现象

①发动机一般稳定运转，转速突然变化时，发出低沉、钝重、连续的"当当"金属敲击声。

②发动机转速越高，响声越大。

③发动机有负荷时响声明显。

④单缸断火时响声无变化。

2. 原因

①主轴承盖螺栓松动。

②主轴承与主轴颈配合间隙过大。

③发动机机油不良。

④主轴承合金层烧毁或脱落。

3. 诊断与排除

用旋具抵触曲轴箱接近曲轴主轴承处听察，反复变更发动机转速，在突然加速或减速时，如有明显的沉重响声，则为主轴承响。第一道主轴承响，声音较清脆；第五道主轴承响，声音偏沉闷。

①发动机温度越高响声越明显，说明发动机机油黏度过低或老化，应更换发动机机油。

②发动机高速运转，汽车重载爬坡，机件有较大的振动；机油压力明显下降，说明主轴承与主轴颈配合间隙过大或合金层脱落，应及时更换主轴承或修磨主轴颈。

③若怀疑是曲轴轴向窜动响，可踩下离合器踏板，如果响声减弱或消失，则为曲轴轴向窜动发响。此时应更换曲轴止推垫片或更换曲轴。

④若怀疑是飞轮固定不良发响，可在发现异响时，关闭点火开关，而当发动机即将熄火时，再立即接通点火开关，若此时能听到一声撞击声，且每次重复上述操作均如此，即证明是飞轮固定不良发响，应紧固或更换飞轮固定螺栓予以排除。

二、连杆轴承响

1. 现象

①突然加速时，发动机有明显连续"噎噎噎"的类似木棒敲击铁桶的声音，该声响较主轴承响清脆。

②怠速时响声较小，中速时明显。

③单缸断火后，响声明显减弱或消失。

④汽车高速行驶或爬坡时，响声加剧。

2. 原因

①连杆轴承盖螺栓松动。

②连杆轴承径向间隙过大。

③连杆轴承合金层烧毁。

④发动机机油不良。

3. 诊断与排除

①发动机初发动时，响声严重，待机油压力上升后，响声减弱或消失，表明个别连杆轴承间隙稍大或合金层剥落，应视情况修磨连杆轴颈或更换连杆轴承。

②若发动机温度正常，由低速突然加至中高速时，发动机发出有节奏的"当当当"响声；转速再升高时，其响声减弱直至消失；单缸断火时响声消失，复火时响声恢复；稍关节气门，响声更明显，说明连杆轴承间隙过大。应修磨连杆轴颈或更换连杆轴承。

③发动机温度升高，响声增加，说明发动机机油不符合要求，应予更换。若同时在提高发动机转速时，其响声却减弱但显得杂乱，则说明连杆轴承合金层过热融化，应立即修复。

三、活塞敲缸响（图2-97）

活塞敲缸响的原因是多方面的，因具体原因不同，敲缸响所表现的现象也不同，主要有以下几种。

1. 发动机冷态时敲缸响

1）现象

①怠速时，气缸上部发出有节奏的"吭吭"的金属敲击声，转速稍高响声消失。

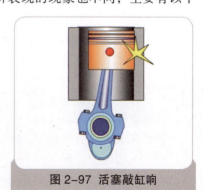

图2-97　活塞敲缸响

②发动机低温时发响，温度正常后响声消失。

③单缸断火时响声消失。

2）原因

①活塞与气缸壁配合间隙偏大。

②发动机机油量少，机油飞溅不足。

3）诊断与排除

①拔出机油标尺，检查机油量并视情况加添。

②发动机低温初发动时，如有节奏的"吭吭"响声，机油加注口和排气管均冒蓝烟，向怀疑发响的气缸注入 20 ml 左右的新机油，响声减弱或消失，说明活塞与气缸壁配合间隙偏大。应检测活塞与气缸，必要时修理气缸、更换活塞。

2. 发动机热态时敲缸响

1）现象一

①发动机高温时发出连续"嘎嘎"的金属敲击声。

②温度升高，响声加重。

2）原因

①连杆轴颈与主轴颈不平行。

②连杆有弯、扭变形。

3）现象二

①怠速时发出"嗒嗒"的响声，机体有抖动。

②单缸断火，响声加大（该缸有故障）。

③温度升高，响声加大。

4）原因

①活塞裙部椭圆度过小。

②活塞与气缸壁配合间隙过小。

③活塞销装配过紧。

④活塞环背隙、开口间隙过小。

5）诊断与排除

可根据故障现象判明故障原因。具体故障原因要通过分解发动机后方可查明。

3. 发动机冷、热态均有敲缸响

1）现象

①发动机怠速运转急加速时有敲缸响。
②发动机大负荷或高速挡急加速时有敲缸响。

2）原因

①点火正时失准。
②燃油牌号不对或燃油品质不良。

3）诊断与排除

①调整点火正时。
②换用规定牌号合格的燃油。

四、活塞销响

1. 现象（图2-98）

①发动机有较尖锐清脆"嗒嗒嗒"类似手锤敲击铁钻的响声，在同转速下的响声比活塞敲缸响连续且尖细。
②随发动机转速变化响声周期性变化，加速时响声更大。
③发动机温度升高，响声不减，甚至更明显。
④单缸断火，响声减弱或消失。
⑤略将点火时间提前，响声更大。

2. 原因

①活塞销与连杆衬套磨损过大，间隙增大。
②活塞销与其座孔配合松旷。
③活塞销卡环脱落，使活塞销轴向窜动。
④发动机机油量少，机油飞溅不足。

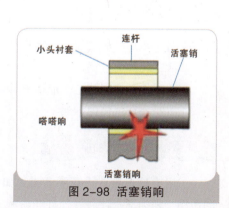

图2-98　活塞销响

3．诊断与排除

①发动机低温怠速时发出"嗒嗒嗒"的连续响声，响声部位在发动机上部，发动机中、低速时响声消失。发响时，某单缸断火时响声消失，点火时响声恢复，即为该缸故障。此故障的原因一般是活塞销与连杆衬套配合间隙稍大，暂可继续使用。

②发动机温度正常，中、低速运转时均发出有节奏清脆且明显的"嗒嗒嗒"声。单缸断火响声消失，点火时响声恢复，即为该缸活塞销与连杆衬套配合间隙过大，应更换活塞销或连杆衬套。

③发动机在低温、高温，低速、高速均发出带振动性的有节奏沉重的"嗒嗒嗒"响声；断火试验时，响声转为"咯咯"的哑声，即可断定为活塞销与连杆衬套严重松旷。应立即拆检，必要时更换活塞销或连杆衬套。

④发动机只在某一转速时发出"贴贴贴"明显有节奏的响声，断火试验时响声减弱却杂乱，即为活塞销与其座孔间隙过大，应拆检并视情况更换活塞销和活塞。

⑤检查机油变质情况，查看机油量，必要时加添或更换发动机机油。

五、活塞环响

1．现象一

活塞环敲击响，发动机出现钝哑的"啪啪"响声，发动机转速升高响声增大，且显得杂乱。

2．原因

①活塞环折断。
②活塞环磨损，在环槽内松旷。
③气缸壁顶部磨出凸肩，修磨连杆轴颈后，使活塞环与气缸壁凸肩相碰。

3．现象二

活塞环漏气响：类似活塞敲缸响，单缸断火响声减弱但不消失。

4．原因

①活塞环与气缸壁间漏光度过大。
②活塞环弹力过弱。
③活塞环开口间隙过大或各环开口重叠。
④活塞环在环槽内卡死。

5．诊断与排除

①用旋具抵触在火花塞上听，如感觉有"唰唰唰"的响声，即为活塞环折断。如感觉有明显的振动，则为活塞环碰撞气缸凸肩响。应根据具体故障视情况更换活塞环或修理气缸。

②发动机低温初发动时，有"唰蹦蹦"的响声，机油加注口处脉动地冒蓝烟。若发动机温度正常后，响声减弱或消失，即为活塞环与气缸壁漏光度过大或活塞环在环槽内卡死等原因引起的，应立即更换活塞环或修理气缸。若冷却液温度高时，发动机有明显的串气响，做断火试验时，串气响减弱，则说明活塞环开口间隙过大、活塞环开口重叠或活塞环弹力过弱，应视情况更换或按规定重新装复活塞环。

一、填空题

1. 曲柄连杆机构是将_____转变成_____对外输出动力。

2. 发动机气缸套分为_____和_____；镶套式又分_____和_____两种。

3. 活塞环分_____和_____两种，矩形环第一道采用_____。

4. 活塞环连接方式有_____和_____，全浮式有_____嵌入环槽内。

5. 活塞受_____、_____和_____三个力，为了保证其正常工作，活塞的形状是比较特殊的，轴线方向呈_____形状，径向方向呈_____形状。

二、选择题

1. （　　）用来储存机油并密封上曲轴箱。

　　A. 气缸盖　　　B. 活塞　　　C. 油底壳　　　D. 气门室盖

2. （　　）连接活塞和连杆小头，并把活塞承受的压力传给连杆。

　　A. 连杆　　　B. 活塞环　　　C. 气门　　　D. 活塞销

3. 下列哪一个不是活塞连杆组的零件（　　　）。

　　A. 活塞　　　B. 活塞销　　　C. 气缸　　　D. 活塞环

4. 下列哪个是燃烧室的组成部分（　　　）。

　　A. 活塞环　　　B. 活塞销　　　C. 气缸盖　　　D. 连杆

5. 曲轴平衡重一般设在（　　　）。

　　A. 前端　　　B. 曲柄上　　　C. 后端　　　D. 主轴颈

三、判断题

1. 安装气缸盖时，应从气缸盖的两边依次向中央，分 2～3 次逐步拧紧，最后按规定的拧紧力矩拧紧，确保气缸体和气缸盖之间密封。　　　　　　　　　　　　　（　　　）

2. 四行程发动机实际循环由进气、燃烧、做功和排气四个行程所组成。　　　（　　　）

3. 活塞离曲轴回转中间最近处为上止点。　　　　　　　　　　　　　　　　（　　　）

4. 四冲程发动机每个工作循环曲轴转两转，每一行程曲轴转 180°。　　　（　　　）

5. 当缸套装入气缸体时，一般缸套顶面应与气缸体上面齐平。　　　　　　（　　　）

6. 活塞销用来连接活塞和连杆，并把活塞所受的力传给连杆。　　　　　　（　　　）

7. 柴油机是靠火花塞跳火来点燃可燃混合气的。　　　　　　　　　　　　（　　　）

8. 活塞裙部膨胀槽一般开在受侧压力较大的一面。　　　　　　　　　　　（　　　）

四、简答题

1. 简述气环的密封原理。

2. 曲柄连杆机构的常见故障有哪些？简述故障现象、原因以及判断与排除方法。

3. 活塞环装反会有什么故障？

4. 为什么曲轴上要有平衡重？高速发动机的平衡重是如何实现曲轴平衡的？

课题三
配气机构

学习任务

1. 掌握配气机构的组成及功用。
2. 掌握配气机构的工作原理。
3. 掌握气门间隙的调整方法。
4. 掌握配气机构的检测维修方法。

技能要求

1. 能够对配气机构易损零件进行检测、修理或更换。
2. 能够对配气机构进行拆装与调整。
3. 能够独立调整气门间隙。
4. 能够对配气机构常见故障进行分析、判断并排除。

任务一　配气机构概述

一、配气机构的功用与组成

　　发动机配气机构是按照发动机每一气缸内所进行的工作循环和点火顺序的要求，定时开启和关闭各气缸的进、排气门，使新鲜的可燃混合气（汽油机）或空气（柴油机）得以及时进入气缸，废气得以及时从气缸排出。在压缩与做功行程中，可关闭气门保证燃烧室的密封。

　　配气机构一般由气门组、气门传动组构成。气门组的作用是封闭进、排气道；气门传动组的作用是使进、排气门按配气相位规定的时刻开启和关闭，如图 3-1 所示。

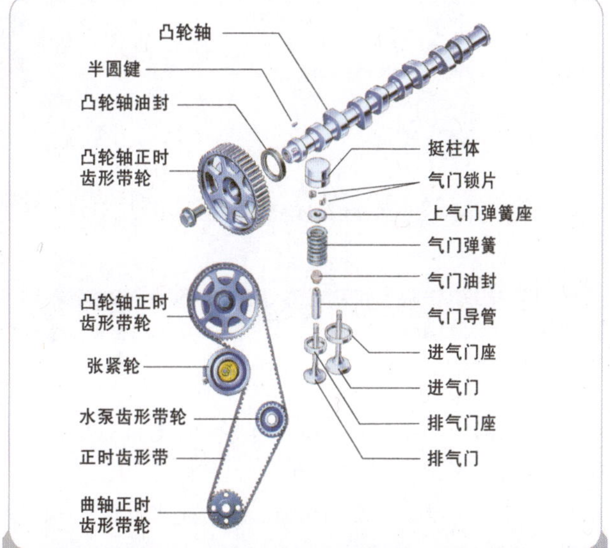

图 3-1　配气机构

凸轮轴
半圆键
凸轮轴油封
凸轮轴正时齿形带轮
凸轮轴正时齿形带轮
张紧轮
水泵齿形带轮
正时齿形带
曲轴正时齿形带轮

挺柱体
气门锁片
上气门弹簧座
气门弹簧
气门油封
气门导管
进气门座
进气门
排气门座
排气门

二、配气机构的分类

1. 按气门的布置方式不同分类

　　按气门布置方式不同，配气机构可分为气门侧置和顶置两种形式。

　　①气门侧置式。气门布置在气缸的一侧，其缺点是燃烧室结构不紧凑，热量损失大，这种布置形式已被淘汰，如图 3-2 所示。

　　②气门顶置式。进、排气门置于气缸盖内，倒挂在气缸顶上。现代汽车发动机均采用气门顶置式布置结构，如图 3-3 所示。

图 3-2　气门侧置式配气机构

图 3-3　气门顶置式配气机构

2. 按凸轮轴的位置分类

　　按凸轮轴的布置位置，配气机构可分为下置式、中置式和上置式三种。

　　①凸轮轴下置式。凸轮轴位于气门组下方，由一对正时齿轮将曲轴的动力传给凸轮轴。这种

配气机构多用于载货汽车和大、中型客车发动机，如图3-4所示。

②凸轮轴中置式。凸轮轴置于机体上部，一般采用在一对正时齿轮之间加入一个中间齿轮（惰轮）进行传动。这种结构多用于柴油机，如图3-5所示。

③凸轮轴上置式。凸轮轴安装在气缸盖上，采用同步带传动或链条传动。这种结构多用于轿车的高速强化发动机，如图3-6所示。

图3-4　凸轮轴下置式

图3-5　凸轮轴中置式

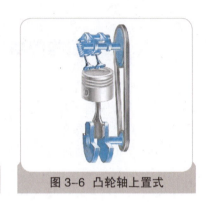

图3-6　凸轮轴上置式

3. 按曲轴与凸轮轴的传动方式分类

按曲轴与凸轮轴的传动方式，配气机构可分为齿轮传动、链条传动、齿形带传动三种。

①齿轮传动。一般运用于凸轮轴下置、中置式的配气机构中。汽油机很少见，货车柴油发动机应用比较多，如图3-7所示。

②链条传动。运用于凸轮轴上置式的配气机构中。其缺点是结构质量及噪声大，可靠性及耐久性差，如图3-8所示。

③齿形带传动。运用于凸轮轴上置式的配气机构中。结构质量及噪声小，现代高速发动机广泛采用，如图3-9所示。

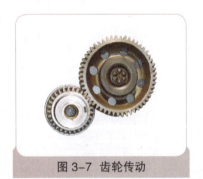

图3-7　齿轮传动

链条

图3-8　链条传动

齿形带

图3-9　齿形带传动

4. 按每缸气门的数目分类

按每缸气门的数目，配气机构可分为二气门、三气门、四气门、五气门等，如图3-10所示。一般发动机都采用每缸两个气门，即一个进气门和一个排气门的结构。现代很多新型汽车发动机上多采用每缸四个气门结构，即两个进气门和两个排气门。

提示：

①当每个气缸有两个气门时，进气门头部直径比排气门大 15%～30%。

②进气门和排气门数量相同时，进气门头部直径总比排气门大。

③进气门数比排气门数多的发动机，排气门头部直径总是比进气门大。

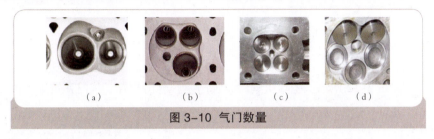

图 3-10 气门数量

（a）两气门；（b）三气门；（c）四气门；（d）五气门

三、配气机构的工作原理

凸轮轴转动，当凸轮的圆柱面（基圆）部分与挺柱接触时，挺柱不升高，挺柱以上的传动件不动作，气门是关闭的。当凸轮的凸起部分与挺柱接触时，便开始将挺柱顶起，于是气门被打开。当凸轮的最大凸起处与挺柱接触时，气门达到最大开度。随后，凸轮与挺柱接触表面的凸起开始逐渐变小，气门在气门弹簧的作用下开始上升关闭，并反向推动摇臂等传动杆件，使挺柱下压，保持与凸轮的接触。当凸轮凸起部分离开挺柱时，气门完全关闭。大多数发动机每缸各有一个进气门和排气门。每个气门都有一套气门驱动装置。各凸轮之间有一定的夹角，以满足各缸工作次序和每一缸工作循环的要求，如图 3-11 所示。

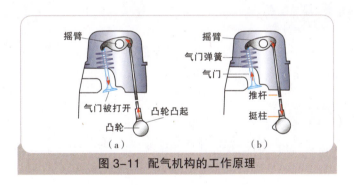

图 3-11 配气机构的工作原理

（a）气门打开；（b）气门关闭

从上述工作过程可以看出，四冲程发动机每完成一个工作循环，各缸的进、排气门需要开闭一次，即需要凸轮轴转过一圈，而曲轴需要转两圈。曲轴转速与凸轮轴转速之比为 2:1，气门传动组使气门开启，气门弹簧使气门关闭。

任务二 气门组结构与检修

一、气门组的组成

气门组的组成如图 3-12 所示，主要由气门、气门座、气门导管、气门弹簧等零件组成。

二、气门

1. 气门的功用

气门是用来封闭气道的。气门由头部和杆身两部分组成。头部用来封闭进、排气道，杆身用来在气门开闭过程中起导向作用。

由于气门在高温、高压、散热困难、润滑差、

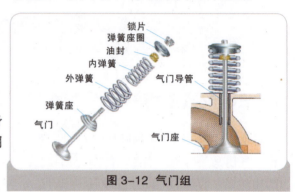

图 3-12 气门组

受燃气中腐蚀介质的腐蚀等很差的工作条件下工作，所以要求气门材料必须有足够的强度、刚度、耐高温和耐磨损。进气门一般采用中碳合金钢（如镍钢、镍铬钢和铬钼钢等）制造，排气门多采用耐热合金钢（如硅铬钢、硅铬钼钢）制造。为了改善气门的导热性能，可在气门内部充注金属钠。

2. 气门的构造

气门的头部和杆身圆弧连接。气门头部由气门顶部和密封锥面组成，而气门杆身尾端的结构主要取决于气门弹簧座的固定方式，如图 3-13 所示。

3. 气门顶部形状

主要分成平顶、凹顶和凸顶 3 种结构形式，如图 3-14 所示。大多数发动机采用平顶，因其吸热面积小，结构简单，制造方便，质量小，进、排气门均可使用。

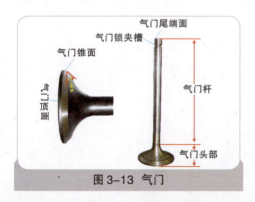

图 3-13 气门

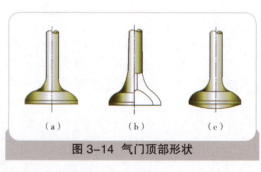

图 3-14 气门顶部形状

（a）平顶；（b）凹顶；（c）凸顶

①平顶。结构简单，制造方便，质量轻，应用最多。

②凹顶。气门头部与气门杆有较大的过渡圆弧，可以减小进气阻力，但受热面积大，不适合作排气门，一般用作进气门。

③凸顶。刚度大，受热面积也大，用于某些排气门。

4. 气门密封锥角

气门密封锥面是与杆身同心的圆锥面，用来与气门座接触，起到密封气道的作用。采用密封锥面有以下好处：

①能提高密封性和导热性。

②气门落座时，有自定位作用。

③避免气流拐弯过大而降低流速。

④能挤掉接触面的沉淀物，起自洁作用。

气门密封锥面与顶平面之间的夹角，称为气门锥角（图3-15），一般做成45°。有的发动机门做成30°，这是因为在气门升程相同的情况下，气门锥角小，可获得较大的气流通过截面，进气阻力较小。但锥角较小的头部边缘较薄，刚度较小，致使气门头部与气门座的密封性和导热性均较差，易在热态时变形，影响贴合。因为排气门温度较高，导热要求也很高，故它的气门锥角大多为45°。虽然气流阻力增大，但由于排气压力高，影响不大。

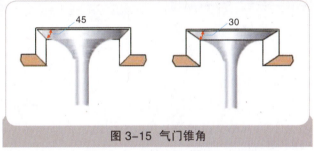

图3-15　气门锥角

三、气门导管

1. 气门导管的功用

气门导管的功用是给气门的运动导向，保证气门的往复直线运动和气门关闭时能正确地与气门座贴合，并为气门杆散热。气门导管通常单独制成零件，再压入缸盖（或缸体）的承孔中。由于润滑较困难，气门导管一般用含石墨较多的铸铁或粉末冶金制成，以提高自润滑性能，如图3-16所示。

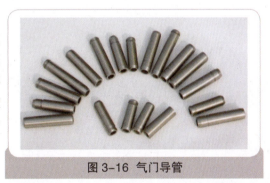

图3-16　气门导管

2. 气门导管的结构

气门导管的外表面与缸盖（体）的配合有一定的过盈量，以保证良好地传热和防止松脱。气门导管的下端伸入到进、排气道内。为防止对气流造成阻力，伸入端的外圆做成圆锥状。气门导管与气门杆之间留有 0.05 ~ 0.12 mm 的间隙，使气门杆能在导管内自由运动。

四、气门座

气缸盖上与气门锥面相贴合的部位称气门座，如图 3-17 所示。

其作用是：与气门头部一起对气缸起密封作用，同时接收气门头部传来的热量，起到散热的作用。

气门座的形式有两种：一是直接在气缸盖上加工出气门座；二是单独制成气门座圈，镶嵌在气缸盖上。

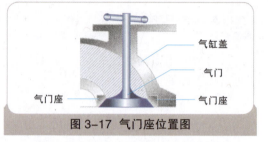

图 3-17 气门座位置图

五、气门弹簧

1. 作用

气门弹簧的作用是保证气门关闭时能紧密地与气门座或气门座圈贴合，在气门开启时，保证气门不因运动惯性而脱离凸轮。

2. 结构形式

为防共振，发动机装一根气门弹簧时，采用不等距弹簧；装两根弹簧时，弹簧内外直径不同、旋向相反。常见气门弹簧安装的形式有：双气门弹簧、变螺距气门弹簧、锥形气门弹簧，如图 3-18 所示。

①双气门弹簧。两个直径不同，旋向相反的内、外弹簧。

②变螺距气门弹簧。某些高性能汽油机上采用，安装时，应使螺距小的一端朝向不动的气缸盖顶面。

③锥形气门弹簧。安装时，应使弹簧大端朝向不动的气缸盖顶面。

六、气门组的检修

1. 气门的检查与修理

图 3-18 气门弹簧

（a）（b）（c）

（a）双气门弹簧；（b）变螺距气门弹簧；（c）锥形气门弹簧

1）气门的检查

①用百分表检查气门头相对于气门杆的摆差，若超过 0.05 mm 或将气门杆放在平板上滚动有弯曲时，均应进行校正或更换。

②对气门杆上、中、下三个部位的直径进行测量，如图 3-19 所示。可测出气门杆的磨损程度，若超过 0.05 mm 或用手触摸有明显的阶梯形感觉时，应更换气门。

③当气门长度、气门杆尾端磨损不平时，应用砂轮修复端面。

2）气门修理

当气门的工作面磨损起槽、变宽或烧蚀出现斑点、凹陷时，应进行光磨。

2. 气门导管的检查与修理

1）气门杆与导管配合的检查

气门杆与导管的间隙，通常在发动机分解或气门盖分解清洗后进行检查，其检查的方法如下：

①将气门提起至离气缸盖平面 15 mm 左右，把百分表架固定于气缸盖上，百分表杆接触气门顶部外边缘，来回推动气门，如图 3-20 所示。百分表指针差值即为气门与导管的配合间隙。

②也可通过测量气门导管的内径（图 3-21），将测得的内径减去气门杆的实际直径，所得差值即为气门与导管的配合间隙。

③经验法。将气门提起至离气缸盖平面 10 mm，沿发动机轴向或垂直发动机轴方向摇摆气门，根据经验来判断气门与气门导管的间隙，如图 3-22 所示。

2）气门导管的修理

（1）气门导管的选择。

新导管的选择，要求导管孔的内径与气门杆的尺寸相适应，其外径与导管的安装孔应有一定的过盈配合，过盈量一般为 0.03～0.07 mm。导管的过盈量大小可采用新旧对比方法进行测量。新导管要比旧导管粗 0.01～0.02 mm 为合适。

①将气缸盖加热到 80 ℃～100 ℃后，用带台阶的冲头，在压床上压出或用锤子击出，如图 3-23 所示。带有台肩的导管，可从燃烧室方向压出。

图 3-19　气门杆测量

图 3-20　检查气门杆与导管配合间隙

气门导管

测挺杆直径

测导管内直径

图 3-21　测量气门导管内径

图 3-22　气门与气门导管配合间隙的检测

图 3-23　冲出气门导管

②仔细观察承孔内壁有无拉毛，气门座圈孔、火花塞螺纹孔与导管承孔之间是否有裂纹。如果裂纹长度不超过 0.5 mm，则气缸盖可以继续使用；如果裂纹长度超过 0.5 mm，则必须更换气缸盖。

③压导管前，用深度游标卡尺测出导管顶端面与气缸体（盖）平面之间的距离，或测出气门座圈平面至导管顶端面的距离。

④根据前面所述方法选择新导管后，将气门导管外表涂上润滑油，并把气缸盖放入烘箱加热到 80 ℃ ~ 100 ℃，取出后，用专用带台阶冲头压入或徐徐击入。

⑤压入后，检查孔径与气门杆的配合，间隙过小，应用气门铰刀铰削内孔，每次铰削量小于 0.02 mm，直至标准。

（2）气门导管的更换方法。

导管和气门杆配合间隙的检验可用经验方法进行。将气门杆和导管擦拭干净，在气门杆上涂一层润滑油，放入导管孔内来回拉动几次，使杆与孔之间均匀沾上一层润滑油。将气门从导管中提出一段，放平后，如果气门能借本身的重量徐徐下降，则为配合合适。

在更换气门导管的过程中，应将气缸盖等放平。如无现成气门导管，则可用球墨铸铁、合金铸铁、粉末冶金等加工代替。

3. 气门座的修理

气门座的工作面磨损变宽超过 2 mm，工作面烧蚀出现斑点、凹陷时，会造成气门关闭不严而漏气，应进行铰削或修磨。通常在发动机中修、大修时均应对气门座修理。

1）气门座的铰削

气门座有三个锥面，分别与气缸体或气缸盖平面呈 15°（或 20°）、45°（或 30°）、75°（或 70°）角。其中 45°（或 30°）角锥面是主要工作面，而 15°（或 20°）及 75°（或 70°）锥面则用以调节工作锥面的宽度及气门锥面的接触位置。

气门座的铰削，通常用气门座铰刀进行，铰刀由许多不同直径的导杆与不同直径、不同锥角的铰刀组成。铰削工作面时，应选择铰刀导杆同导管的配合间隙为 0.01 mm，以便保证铰出的工作锥面与导管孔的同轴度，如图 3-24 所示。通常先用 45° 铰刀铰削工作锥面。由于气门座表面有硬化层，铰削时会使铰刀打滑。此时可用粗砂布垫在铰刀下面进行打磨，以除去硬化层。铰削时，两手要均匀用刀下压，转动时，不要忽快忽慢，以免起棱，直到将烧蚀、斑点等缺陷铰去为止。

初铰后，将光磨过的气门与气门座试配。要求接触面在气门锥面的中部偏向下端。接触面宽度：进气门在 1.2 ~ 2.2 mm，排气门在 1.5 ~ 2.5 mm。排气门宽度稍比进气门宽，以增加导热性。

如果接触面偏上，可用 75°（或 70°）铰刀从上方缩小接触带；如接触面偏下，可用 15°（或 20°）铰刀从下方缩小接触带。初铰过程中尽量使接触面在中下部，以延长气门的使用寿命，当被铰面距气门下边缘 1 mm 时，即可停止铰削。

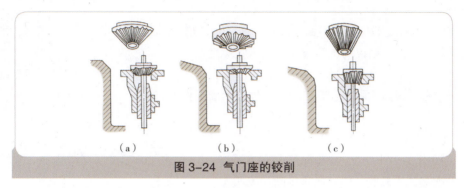

图 3-24　气门座的铰削

（a）45°铰刀铰削工作锥面；（b）15°铰刀铰削工作锥面；（c）75°铰刀铰削工作锥面

2）气门座的光磨

气门座除铰削外，还可用光磨机的砂轮进行修磨。在修磨前，砂轮应在砂轮修整器上，按工作面角度要求，修正砂轮工作面，然后进行磨削。必须注意光磨机的导杆上要注油，停止操作时，应先关电动机，然后再取出。

3）研磨气门

当气门、气门座与气门导管均按规定标准修理，气门与气门座的密封性符合要求时，气门与气门座就不一定需要研磨。但若因修理质量不够理想，气门与气门座的密封性还不符合要求时，应使用气门与气门座配对研磨的方法，使其工作面获得良好的贴合。

研磨时，用专用吸盘吸住气门，进行上下来回旋转10°～30°，不断变换气门与气门座的位置。研磨时不能过分用力，也不能上下敲打，否则会因互相撞击，密封面上出现凹形砂痕使密封带变宽。研磨时，先用粗研磨砂60～120#研出一条整齐无斑点痕迹的环带，然后洗去粗研磨砂，换用500～800#细研磨砂继续研磨，如图3-25所示，当出现灰色的无光带，再洗去细研磨砂，涂上机油继续研磨几分钟即可，如图3-26所示。

研磨的整个过程中，必须注意防止研磨砂落入导管中，研磨结束应严格清洗。

图 3-25　研磨砂

图 3-26　研磨气门

气门与气门座经过研磨后，要检查其密封性，方法如下：

①用带有气压表的专门检验气门密封性的检验器来检查。检查时，先将空气容器筒紧密地

压在气门座的缸体上，反复捏橡皮球，使空气容器内具有 60～70 kPa 的压力。如果在 30 s 之内，压力表的读数不下降，则说明气门座与气门密封性良好。

②可在气门工作面上涂一层红丹粉，将气门压在气门座上旋转 1/4 圈。如果气门被刮去的红丹粉满布气门密封面而无间断，宽度一致，即表明配合良好。

③可用铅笔在气门工作面上均匀地划上线条，与相配的气门座接触以后，转动气门 1/8～1/4 圈，取出气门，如图 3-27 所示。如果所有铅笔线都被切断，即表示密封性良好。如有线条未断，说明密封不良，需继续研磨。

研磨气门的方法有机磨和手磨两种。

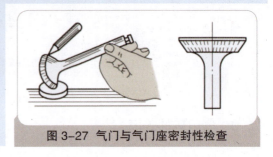

图 3-27 气门与气门座密封性检查

4）镶气门座圈

气门座圈经多次修理，工作面逐渐下陷，会影响气门与气门座的正常配合，影响进气量和降低气门弹簧的张力。在修理时，检查工作面如低于气门座圈原平面 1.5 mm 左右，则应更换气门座圈。原座圈有裂纹、松动以及严重烧蚀时，也应重新镶装气门座圈。

镶装座圈时，如缸体上没有座圈孔，应用铣刀或平面铰刀铰出座圈孔，如原有气门座圈，应用专用拉器拉出旧座圈。然后测量座圈孔直径，按直径的大小选择新座圈，新座圈与座孔应有 0.075～0.125 mm 的过盈量。

在铣削气门座圈孔时，应以气门导管孔为中心，即可在导管孔中插入一定位杆，然后加工，以保证座圈安装后，座圈锥面对导管轴线的摆差不大于 0.05 mm。座圈孔的底面必须平整，粗糙度 Ra 为 1.6 μm，圆度误差不大于 0.012 5 mm。

将气门座圈镶入座孔时，应将气缸盖（体）加热或将座圈冷缩后装入。

①加热法。用喷灯将座圈孔加热至 100 ℃左右，或放入烘箱中在 120 ℃温度下，保温 30 min。在座圈外壁涂以甘油和黄丹粉混合的密封剂，对准座圈孔，垫以软金属，迅速打入座圈孔内。

②冷缩法。将气门座圈放入冰箱冷冻室内，或在固体二氧化碳（干冰）或在液态氮下冷冻 10 min，迅速放入座圈孔中，待温度正常后即能紧密配合。这种方法迅速方便，结合牢固。新镶入的座圈，必须经绞、研工作锥面，才能正常使用。

4. 气门弹簧的检查

气门弹簧由于长期在较高温度下工作，并承受交变载荷，使弹性下降，气门弹簧自由长度缩短，影响气门的密封性能。交变应力作用还可能出现疲劳裂纹，导致气门弹簧断裂而造成事故。在修理时，应加以重视。

在修理中，气门弹簧的垂直度，在全长上允许偏差 ±（1～2）mm，否则应当更换，如图 3-28 所示。弹簧的自由长度允许缩短 3%～4%，如果超过应予以更换，如图 3-29 所示。

图 3-28 弹簧垂直度的检测

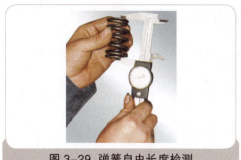

图 3-29 弹簧自由长度检测

　　气门弹簧的弹力可用专用的弹簧拉压试验器来检验，如图 3-30 所示，也可新旧弹簧对比检验，比较新旧弹簧的自由长度，并将新旧弹簧叠加后一起放在台虎钳上，压缩后比较长度。如旧弹簧长度远小于新弹簧，说明旧弹簧弹力太弱，应该更换。

　　为避免气门弹簧疲劳损坏，应注意弹簧外表不应存在锈蚀、氧化皮、黑点、刻痕、凹坑及裂纹等缺陷。拆装时应使用专用工具。安装完毕后，用木槌轻轻敲打一下气门，以检查气门销片是否就位。

图 3-30 用台秤检查弹簧弹力

七、气门的拆装

1. 气门的拆卸

步骤 1

将气缸盖置于工具台上，如图 3-31 所示。

步骤 2

使用专用工具压缩气门弹簧，如图 3-32 所示。

图 3-31 将气缸盖置于工具台上

图 3-32 压缩气门弹簧

步骤3

利用磁棒，取下两个气门锁片，如图3-33所示。

步骤4

松开专用工具，取下气门、气门座、气门弹簧，如图3-34所示。

图3-33 取下气门锁片

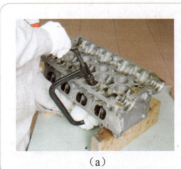

（a）　　　　　　　　　　（b）

图3-34 松开专用工具及取下气门、气门座、气门弹簧

步骤5

拆卸完毕，如图3-35所示。

2. 气门的安装

按拆卸过程的相反顺序安装。

进气门　　排气门

图3-35 拆卸完毕

任务三　气门传动组的构造与检修

一、气门传动组的功用与组成

气门传动组的主要功用是使进、排气门按照配气相位规定的时间开启与关闭。气门传动组主要包括凸轮轴、挺柱、推杆、摇臂与摇臂轴等。

二、凸轮轴

1. 作用

控制各缸气门的开启和关闭，使其符合发动机的工作顺序、配气相位及气门开度的变化规律等要求。此外，多数汽油发动机还利用凸轮轴来驱动机油泵、汽油泵、分电器等装置。

2. 构造

凸轮轴主要由凸轮、轴颈两部分组成，如图 3-36 所示。

凸轮分为进气凸轮和排气凸轮两种，用来驱动与控制气门的开启和关闭；轴颈对凸轮轴起支承作用。

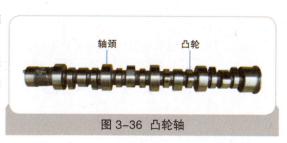

图 3-36　凸轮轴

三、挺柱

挺柱的作用是将凸轮的推力传给推杆或气门，并承受凸轮轴旋转时所施加的侧向力，并将其传给机体或气缸盖。挺柱可分为机械挺柱和液压挺柱两大类。

1. 机械挺柱

常见的机械挺柱的形状有杯形、听子形、菌形、吊杯形、滚子形等，如图 3-37 所示。

其中，杯形平面挺柱结构简单，质量轻，在中小型发动机中应用比较广泛；滚子挺柱摩擦和磨损小，但其结构比平面挺柱复杂，质量也比较大，多用于气缸直径较大的发动机。

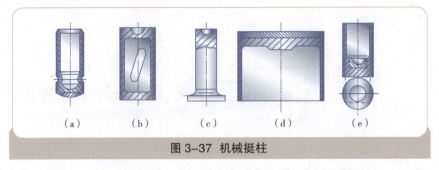

图 3-37 机械挺柱

（a）杯形平面挺柱；（b）听子形平面挺柱；（c）菌形平面挺柱；
（d）吊杯形平面挺柱；（e）滚子形挺柱

2. 液压挺柱

　　为了防止热膨胀后气门关闭不严，大多数发动机预留了气门间隙，使发动机工作时配气机构产生撞击和噪声。为了消除这一弊端，越来越多的发动机，尤其是轿车发动机采用液压挺柱，借以实现零气门间隙。实物如图 3-38 所示。

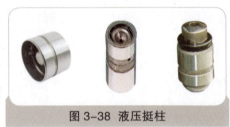

图 3-38 液压挺柱

1）液压挺柱的构造

　　液压挺柱由挺柱体、液压缸、柱塞、单向阀罩、单向阀弹簧和柱塞弹簧等组成，其结构如图 3-39 所示。在挺柱体中装有柱塞，在柱塞上端有压力推杆支座。柱塞被柱塞弹簧向上推压，其极限位置由卡夹限定。柱塞下端的单向阀保持架内装有单向阀弹簧和单向阀。发动机润滑系统中的机油经进油孔进入内油腔。

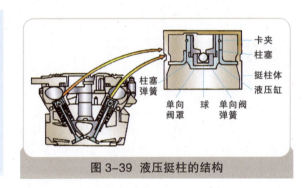

图 3-39 液压挺柱的结构

2）液压挺柱的工作原理

　　挺柱顶面与凸轮轴凸轮直接接触，液压缸底面与气门杆尾端接触，如图 3-40 所示。

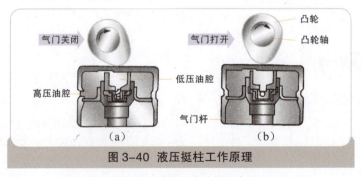

图 3-40 液压挺柱工作原理

（a）气门关闭；（b）气门打开；

（1）气门打开的过程。

当凸轮凸起处与挺柱顶面接触时，挺柱受凸轮推动力和气门弹簧力的作用下移，高压油腔内的机油被压缩，单向阀在压力差和单向阀弹簧的作用下关闭，高低油腔被球阀分隔开。由于液体的不可压缩性，整个挺柱如同一个形状不变的刚体一样，下移打开气门并保证了气门应达到的升程。虽然在此期间，高压油腔会有少量机油从柱塞和液压缸之间的间隙处漏入低压油腔，使凸轮和气门杆间的挺柱长度稍有缩短，但不会影响气门的打开。此时，挺柱上的环形油槽已和缸盖上的斜油孔错开，低压油腔进油道被切断，停止了油的流动。

（2）气门关闭的过程。

凸轮继续转动，当凸轮凸起部分转过后又恢复凸轮基圆与挺柱接触，气门落座，挺柱不再受凸轮推动力和气门弹簧的作用，高压油腔中的压力油与回位弹簧推动柱塞上行，高压油腔的压力下降，单向阀打开，低压油腔中的机油流入高压油腔，使两腔连通。

当气门受热膨胀伸长时，向上挤压油缸，高压油腔中的油通过柱塞与油缸之间的间隙向低压油腔泄漏一部分，油缸相对于柱塞上移，从而使挺柱自动缩短，保证气门关闭严密。当气门冷却收缩时，补偿弹簧将油缸向下推动，挺柱自动伸长，保证不出现气门间隙。

四、推杆

采用下置式凸轮的配气机构，利用推杆将挺柱传来的力传给摇臂。推杆下端与挺柱接触，上端与摇臂调整螺钉接触。由于摇臂绕摇臂轴转动，推杆在做上下往复直线运动的同时，上端随摇臂一起做微量的摆动。为防止发生运动干涉，推杆下端做成球形，与挺柱的凹球面配合。推杆上端做成凹球形，与摇臂调整螺钉球形头部配合。这样还可以在接触面间储存一定的润滑油，减轻磨损。推杆如图3-41所示。

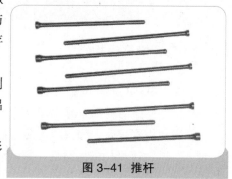

图3-41　推杆

推杆承受压力，很容易弯曲变形。除要求有很大的刚性之外，应尽量做得短些。推杆的材料有硬铝的（适用于铝合金缸体与缸盖），也有钢制的。在结构上，有实心结构，也有空心结构。钢制实心结构推杆同两端的球形或凹球形支座锻成一个整体；而铝制实心结构推杆，在两端配以钢制的支座。空心推杆大都采用冷拔无缝钢管，两端配以钢制的支座。无论是实心还是空心结构，两端的支座必须经淬火和光磨处理，以保证其耐磨性。

五、摇臂与摇臂组

摇臂是一个以摇臂轴为支点的双臂杠杆，实物如图3-42所示。

摇臂的作用是改变推杆或凸轮传来的力的方向，作用到气门杆以推开气门。

摇臂组件主要有：摇臂、摇臂轴、摇臂支座、气门间隙调整螺钉和定位弹簧等，如图3-43所示。

图 3-42 摇臂

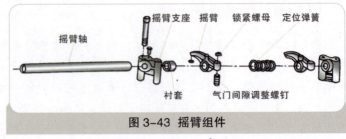

图 3-43 摇臂组件

六、气门传动组的检修

1. 挺柱的检修

1）机械挺柱的检修

①挺柱的圆柱面部分与导孔的配合间隙一般为 0.03 ~ 0.10 mm，如超过 0.12 mm 时应更换挺柱或导孔支架；装有衬套的结构可更换衬套。

②挺柱底部出现损伤时应更换，如图 3-44 所示。

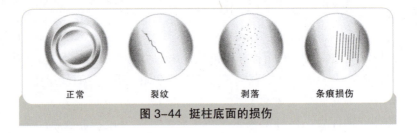

图 3-44 挺柱底面的损伤

2）液压挺柱的检修

①液压挺柱与承孔的配合间隙一般为 0.01 ~ 0.04 mm，超过 0.10 mm 时应更换液压挺柱。液压挺柱的圆柱面的测量如图 3-45 所示。

②发动机修理时，如气门出现开启高度不足时，一般应更换挺柱。有条件时，应在液压试验台上检验液压挺柱的密封性，即：将规定的压力施加于液压挺柱上，检验液压挺柱的柱塞向下滑移规定的距离所需的时间，此时间过短表明挺柱内部泄漏，应更换。

◎ 提示

发动机维护时，如出现气门开度不足时，可用专用工具排净液压挺柱内渗入的空气，恢复气门的最大升程。

图 3-45 液压挺柱的圆柱面的测量

2. 摇臂和摇臂轴的检修

1）摇臂的检修

摇臂的损坏主要有：与凸轮工作面接触的圆柱面磨损及摇臂轴配合孔的磨损。

①检查摇臂与摇臂轴的配合情况。将摇臂沿摇臂轴径向推拉，如图 3-46 所示。如手感明显，说明磨损严重，配合间隙一般为 0.013 ~ 0.04 mm，极限为 0.06 mm。若间隙超过允许范围，应予以更换或采用涂镀工艺修复。测量摇臂与摇臂轴配合间隙如图 3-47 所示，由每个摇臂的内径和摇臂轴上摇臂相应安装位置的外径加以确定。

②检查摇臂与摇臂轴有无裂纹与损伤现象。

③检查摇臂与凸轮接触面的磨损情况。若接触面有严重磨损，应进行修磨或金属粉末喷镀 Cr60 后修磨，必要时更换新的摇臂。

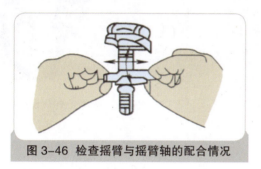

图 3-46　检查摇臂与摇臂轴的配合情况

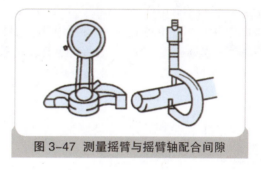

图 3-47　测量摇臂与摇臂轴配合间隙

2）摇臂轴的检修

摇臂轴的损坏主要是磨损与弯曲，通常磨损后予以更新。

3. 凸轮轴的修理

凸轮轴的损伤有：凸轮轴弯曲、轴颈磨损、凸轮磨损等。

1）凸轮轴弯曲的检修

图 3-48 所示为检查凸轮轴弯曲的方法。通常摆差不大于 0.05 mm，可不修理。如超过规定应予校正。校正时先记住轴的弯曲方向，将凸面向上，在手动压床上进行校正，钢制凸轮轴为弯曲量的 10 倍（表针摆差的 5 倍），铸铁凸轮轴减半。校正后摆差应小于上述值。

2）凸轮轴轴颈的检修

凸轮轴轴颈的检修如图 3-49 所示。

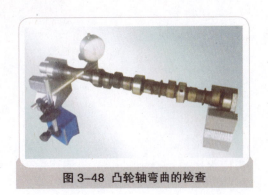
图 3-48 凸轮轴弯曲的检查

图 3-49 凸轮轴轴颈的检修

3）凸轮的检修

　　用肉眼检查凸轮工作面，应无斑痕。可用标准样板检查凸轮轮廓变化情况，用外径千分尺测量凸轮的高度，如图 3-50 所示。

　　若凸轮表面有不严重的斑痕及不均匀磨损，可用油石、砂布等在标准样板的引导下进行修整；若凸轮表面有较严重的斑痕或凸轮升程减小 0.4 mm 以上时，应在专用磨床上光磨；若凸轮表面累积磨耗量不超过 0.8 mm，则可直接修磨；若超过 0.8 mm，应表面覆加补偿修复层再磨削或更换新件。

图 3-50 凸轮高度的检测

4. 推杆的检修

　　①检查气门推杆，杆身表面应光滑、平直，不得有锈蚀和裂纹。

　　②在使用过程中，推杆易发生弯曲，直线误差应不大于 0.30 mm，如超过规定值，应进行冷压校直。

　　③推杆上端凹球面和下端凸球面半径磨损量应控制在 −0.01 ~ +0.03 mm。

5. 气门间隙的调整

　　调整气门间隙的方法有逐缸调整法和两次调整法。

1）逐缸调整法

　　活塞位于压缩上止点时，调整一缸的进、排气门间隙。然后摇转曲轴，按点火顺序使下一缸的活塞位于压缩上止点时，再调整这一缸的进、排气门间隙，依次类推，逐缸调整完毕。

2）两次调整法

　　两次调整法又称"双排不进"法。"双排不进"由多缸发动机工作循环表和配气相位的气门重叠现象而推导出，它是确定两次调整法可调整气门的依据。其中，"双"是指该缸进、排气门间隙均可调整，"排"是指该缸仅排气门间隙可调整，"不"是指该缸的进、排气门间隙都不可调整，"进"是指该缸仅进气门间隙可调整。用两次调整法调整多缸发动机的气门间隙，具有简便、迅速和准确等特点。两次调整法调整气门间隙的方法是：第一次，将一缸活塞位于压缩上止点，按双、排、不、进和发动机工作次序确定可调整的气门间隙，并调整可调整的气门间隙；第二次，摇转曲轴一圈，可调整第一次没有调整过的气门间隙。

几种工作顺序不同的发动机可调气门的排列见表 3-1。

表 3-1　向种工作顺序不同的发动机可调气门的排列

（1）六缸发动机					
工作顺序	1	5	3	6	2	4
	1	4	2	6	3	5
第一遍（一缸在压缩上止点）	双	排		不		排
第二遍（六缸在压缩上止点）	不	进		双		进

（2）五缸发动机				
工作顺序	1	2	4	5	3
第一遍（一缸在压缩上止点）	双	排		不	进
第二遍（一缸在排气上止点）	不	进		双	排

（3）四缸发动机			
工作顺序	1	3	4	2
	1	2	4	3
第一遍（一缸在压缩上止点）	双	排	不	进
第二遍（四缸在压缩上止点）	不	进	双	排

（4）八缸发动机							
工作顺序	1	5	4	8	6	3	7	2
第一遍（一缸在压缩上止点）	双	排				进		
第二遍（六缸在压缩上止点）	不	进				排		

（5）三缸发动机		
工作顺序	1	2	3
第一遍（一缸在压缩上止点）	双	排	进
第二遍（一缸在排气上止点）	不	进	排

调整气门间隙的操作：先旋松锁紧螺母，用厚度符合规定间隙的塞尺插入气门杆端面与摇臂之间，同时旋转调整螺钉，直至拉动塞尺感到稍有阻力后用锁紧螺母锁紧调整螺钉。调整完毕后，应再用塞尺复查一次。

调整步骤如下：

（1）拆下气缸盖罩。

拆下气缸盖罩的固定螺钉，小心取下气缸盖罩，取下导流板，如图 3-51 所示。注意不要损坏气缸盖罩耐油橡胶衬垫。用抹布擦拭干净气门及摇臂轴上的油污，以方便气门调整作业。

（2）找到1缸上止点。

用手柄转动曲轴，使一缸处于压缩上止点位置，如图3-52所示。此时从气门处看，一缸的气门应都处于关闭的状态。如果一缸的气门不全是关闭状态，说明一缸活塞在排气上止点位置，应再转动曲轴360°，使一缸处于压缩上止点位置。

图3-51 取下气缸盖罩

图3-52 确定一缸上止点

（3）测量气门间隙。

选出符合规格的厚薄规插入气门杆与气门摇臂（或凸轮）之间，稍微拉动厚薄规，如有轻微的阻力，表示间隙正确，如图3-53所示。

为了确定间隙是否正常，可以找出比规定值大一号的厚薄规（例如规定值为0.20 mm时，用0.25 mm）插入气门间隙，此时，厚薄规应无法插入，再用小一号的厚薄规，应可以顺利插入气门间隙中，如果符合上述要求，气门间隙正常。

如果上述中任何一项不符合要求，表示气门间隙不正常，必须进行调整。

（4）调整气门间隙。

首先松开气门调整螺钉的固定螺母，把规定厚度的厚薄规插入气门间隙处，一手抽拉厚薄规，一手转动调整螺钉，直到厚薄规稍微受到阻力为止，如图3-54所示。

调整妥当之后，厚薄规插到气门间隙中央，调整螺钉保持不动，拧紧固定螺母锁紧调整螺钉。锁好螺钉后，再用厚薄规重新测量气门间隙，因为可能在锁紧时无意中转动了调整螺钉，使气门间隙改变。如果气门间隙改变，应将其重新调整到正确为止。

图3-53 测量气门间隙

图3-54 调整气门间隙

（5）装复检查。

①当气门间隙全部调整好以后，应再用厚薄规逐缸检查一遍，如有不合格的间隙，一定要调整到正确为止。待全部气门间隙都正确后，再检查一下所有的固定螺钉是否已锁紧。

②装复气缸盖罩。气门间隙调整完毕后，用抹布擦净衬垫、气缸盖罩和缸盖的结合面。然后小心地将气缸盖罩放置于缸盖上，并对准螺栓孔加以固定。

装复其他配件，起动发动机进行检验，查看是否有气门响声或运转不平稳的现象。如果有气门响声或运转不平稳现象，说明气门间隙需要再调整。初次调整气门，容易出现上述现象。因此，必须认真操作，避免返工。

6. 正时皮带的检查与更换

1）正时皮带的检查

①先断开蓄电池负极电缆，再断开其正极电缆，如图 3-55 所示。

②拆下正时皮带上罩，如图 3-56 所示。

③逆时针转动曲轴皮带轮，检查皮带是否有裂纹或有机油、冷却液的污渍，如有应彻底清除；严重时，应更换正时皮带。检查正时皮带的齿形有无磨损，必要时予以更换。逆时针转动正时皮带轮，检查皮带是否有裂纹或有机油、冷却液的污渍，如有应彻底清除；严重时，应更换正时皮带。检查正时皮带的齿形有无磨损，必要时予以更换，如图 3-57 所示。

图 3-55　断开电缆

图 3-56　拆下正时皮带上罩

图 3-57　检查正时皮带

2）张紧力的调整

①旋转曲轴 5~6 圈，以便调整预紧力，如图 3-58 所示。

②使第一缸活塞处于压缩行程上止点位置，如图 3-59 所示。

③旋松调整螺母 2/3~1 圈。

④逆时针方向转动曲轴，使凸轮轴带轮上的正时皮带转过 3 个齿。

⑤检查完毕，重新将曲轴皮带轮螺栓以 245 N·m 的拧紧力矩拧紧。

图 3-58　旋转曲轴

图 3-59　使第一缸活塞处于上止点

3）正时皮带与平衡轴皮带张紧力的调整注意事项

只能在发动机冷态时进行调整；只能逆时针方向转动曲轴（从曲轴皮带轮端看）；检查皮带是否粘有油污或冷却液；放松调节螺母不要超过一整圈；张紧装置是由弹簧加载的，调整后，张紧装置将自动地使皮带张紧力达到规定要求。

4）正时皮带的更换

①断开电池负极电缆。
②拆下附件传动带。
③取下正时皮带上罩，如图 3-60 所示。
④对正齿轮上的白色标记，并且用专用工具卡住，防止移位，如图 3-61 所示。

图 3-60　取下正时皮带上罩

图 3-61　对正齿轮上的白色标记

⑤抬高汽车，拆下靠近皮带一侧的车轮，如图 3-62 所示。
⑥卸下同侧底盘上的护板，如图 3-63 所示。
⑦拧下曲轴皮带轮，如图 3-64 所示。

图 3-62　拆下靠近皮带一侧的车轮

图 3-63　卸下同侧底盘上的护板

图 3-64　拧下曲轴皮带轮

⑧取下正时皮带张紧轮，如图 3-65 所示。

⑨取下正时皮带，如图 3-66 所示。

⑩更换新的皮带，按拆卸相反顺序安装，如图 3-67 所示。

图 3-65　取下正时皮带张紧轮

图 3-66　取下正时皮带

5）更换正时皮带注意事项

①松开曲轴皮带轮的螺栓，此操作必须先用专用工具锁住飞轮。

②取下正时皮带的前盖时应注意：1 号气缸点火时，凸轮轴正时皮带上的正时标志与其后盖边缘上的标志对准时方可给飞轮解锁。

安装新的正时皮带时应注意：1 号气缸点火时，曲轴正时皮带齿上的标志与正时皮带后盖的标志对准。

图 3-67　更换新的皮带

七、气门传动组的拆装

1. 拆卸

步骤 1

拆开顶部黑色进气管道，取下进气管，如图 3-68 所示。

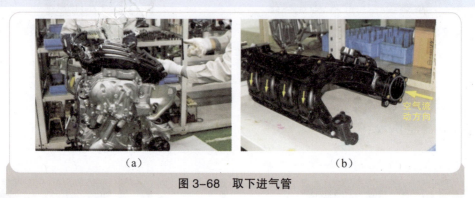

（a）　　　　　　　　　　　　　　　　（b）

图 3-68　取下进气管

步骤 2

拔下各传感器、执行器插头，撬开各管线固定卡位，取下线束，如图 3-69 所示。

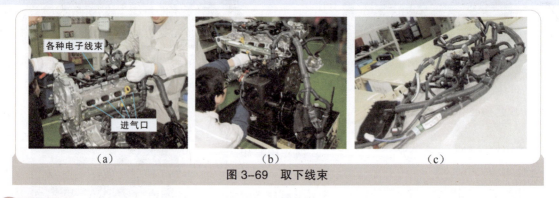

（a）　　　　　　　　（b）　　　　　　　　（c）

图 3-69　取下线束

步骤 3

拆下高压油泵、供油管和喷油嘴，如图 3-70 所示。

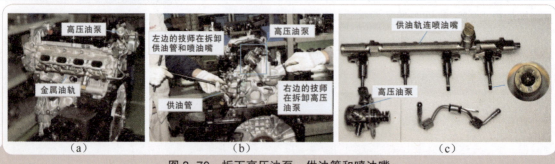

（a）　　　　　　　　（b）　　　　　　　　（c）

图 3-70　拆下高压油泵、供油管和喷油嘴

步骤4

拧下点火线圈固定螺栓，取下点火线圈，如图3-71所示。

图3-71　取下点火线圈

步骤5

松开气门室盖螺母，取下气门室盖，如图3-72所示。

（a）

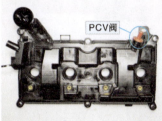

（b）

（c）

图3-72　取下气门室盖

步骤6

用工具松开时规盖固定螺栓，取下时规盖，如图3-73所示。

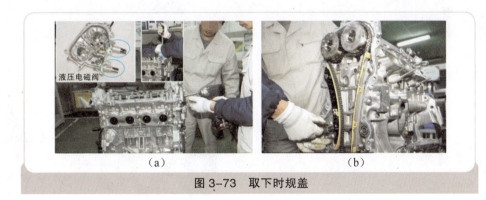

图3-73　取下时规盖

步骤7

取下正时链条，如图3-74所示。

步骤8

拆开凸轮轴盖固定螺栓，取下凸轮轴盖，如图3-75所示。

图 3-74 取下正时链条

靠进气侧的凸轮轴控制进气阀门

靠排气侧的凸轮轴控制排气阀门

四角形凸轮用于驱动高压油泵

图 3-75 取下凸轮轴盖

步骤 9

取下凸轮轴，如图 3-76 所示。

步骤 10

在每个气门挺柱上做好记号，取下气门挺柱，取下凸轮轴盖，如图 3-77 所示。

图 3-76 取下凸轮轴

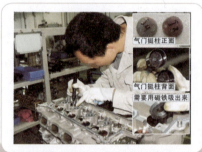

气门挺柱正面

气门挺柱背面需要用磁铁吸出来

图 3-77 取下气门挺柱

步骤 11

拆卸完毕，如图 3-78 所示。

2. 安装

按拆卸过程的相反顺序安装。

图 3-78 拆卸完毕

任务四　配气相位

一、配气相位的定义

　　配气相位就是发动机进、排气门实际开启或关闭的时刻和开启持续时间，通常用曲轴转角来表示，称为配气相位。配气相位通常用环形图表示，称为发动机的配气相位图，如图3-79所示。

二、配气相位分析

1. 理论上的配气相位分析

　　理论上进气、压缩、做功和排气各占180°，

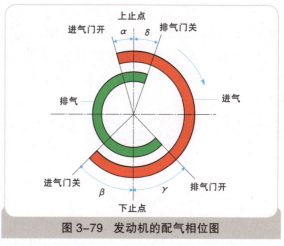

图 3-79　发动机的配气相位图

也就是说进气门在上止点时开，排气门在下止点时开，持续时间都是曲轴转过180°的时间。但实际表明，简单配气相位对实际工作是很不适应的，它不能满足发动机对进、排气门的要求，原因主要有以下几点：

（1）气门的打开和关闭有个过程。

　　气门打开总是由小到大，关闭总是由大到小，这样势必使进气不足、排气不净。

（2）气体惯性的影响。

　　随着活塞的运动，进气量由小到大，排气量由小到大；进气门由小到大再到小，排气门由小到大再到小。同样会造成进气不足、排气不净。

（3）发动机速度的要求。

　　实际发动机曲轴转速很高，活塞每一行程时间都很短。例如，当转速为 5 600 r/min 时一个行程只有 60/(5 600 × 2) =0.005 4（s），即使转速为 1 500 r/min，一个行程也只有 0.02 s，这样短的进气或排气过程，使得发动机进气不足、排气不净。

　　可见，理论上的配气相位不能满足发动机进气充分、排气干净的要求。

2. 实际的配气相位分析

为了使进气充足、排气干净，除了从发动机结构上进行改进外（如增大进、排气管道），还可以从配气相位上进行完善，例如，使气门早开晚闭，延长进、排气时间。

1）气门早开晚闭的可能性

进气门早开，可使进气一开始就有一个较大的通道面积，可增加进气量。活塞到达进气下止点时，由于进气吸力的存在，气缸内气体压力仍然低于大气压，在大气压的作用下仍能进气。另外，此时进气流还有较大的惯性。由此可见，进气门晚关可以增加进气量。

在做功行程快要结束时，排气门打开，可以利用做功的余压使废气高速冲出气缸，排气量约占50%。排气门早开，势必造成功率损失，但因气压低，损失并不大，而提早打开排气门可以减少排气所消耗的功，又有利于废气的排出，所以总功率仍是提高的。活塞到达上止点时，气缸内废气压力仍然高于外界大气压，加之排气气流的惯性，排气门晚关可使废气排得更干净一些。

2）气门叠开与气门叠开角

由于进气门早开，排气门晚关，势必造成在同一时间内两个气门同时开启的现象，此现象称为气门叠开；对应的曲轴转角称为气门叠开角。在这段时间内，可燃混合气和废气是否会乱窜呢？不会的，这是因为：

①在合适的配气相位下，进、排气流各自有自己的流动方向和流动惯性，而重叠时间又很短，不至于混乱，即吸入的可燃混合气不会随同废气排出，废气也不会经进气门倒流进入进气管，而只能从排气门排出。

②进气门附近有降压作用，有利于进气。

③进气相位和排气相位。实际进气时刻和持续时间：在排气行程接近终了时，活塞到达上止点前，即曲轴转到离上止点还差一个角度 α，进气门便开始开启；进气行程直到活塞越过下止点后 β 时，进气门才关闭。整个进气过程持续时间相当于曲轴转角 $180° + \alpha + \beta$。

α——进气提前角，一般 $\alpha = 10° \sim 30°$。

β——进气延迟角，一般 $\beta = 40° \sim 80°$。

所以，进气过程曲轴转角为 $230° \sim 290°$。

实际排气时刻和持续时间：同样，做功行程接近终了时，活塞在下止点前排气门便开始开启，提前开启的角度 γ 一般为 $40° \sim 80°$，活塞越过下止点后 δ 角排气门关闭，δ 一般为 $10° \sim 40°$，整个排气过程相当于曲轴转角 $180° + \gamma + \delta$。

γ——排气提前角，一般 $\gamma = 40° \sim 80°$。

δ——排气延迟角，一般 $\delta = 10° \sim 40°$。

所以排气过程曲轴转角为 $230° \sim 300°$。

气门叠开角 $\alpha + \gamma = 20° \sim 70°$。

从上面的分析可以看出，实际配气相位和理论上的配气相位相差很大。实际配气相位，气门要早开晚关，主要是为了满足进气充足、排气干净的要求。但实际中，究竟气门什么时候开、什么时候关最好呢？这主要根据各种车型，经过实验的方法确定，由凸轮轴的形状、位置及配气机构来保证。

三、可变进气系统

通过改变进气管的长度和截面积，提高燃烧效率，使发动机在低转速时更平稳、扭矩更充足，高转速时更顺畅、功率更强大。

1. 技术概述

进气歧管一端与进气门相连，一端与进气总管后的进气谐振室相连，每个气缸都有一根进气歧管。发动机在运转时，进气门不断地开启和关闭，气门开启时，进气歧管中的混合气以一定的速度通过气门进入气缸，当气门关闭时混合气受阻就会反弹，周而复始会产生振动频率。如果进气歧管很短，显然这种频率会更快；如果进气歧管很长的话，这个频率就会变得相对慢一些。如果进气歧管中混合气的振荡频率与进气门开启的时间达到共振的话，那么此时的进气效率显然是很高的。因此采用可变进气歧管，在发动机高速和低速时都能提供最佳配气，如图3-80所示。

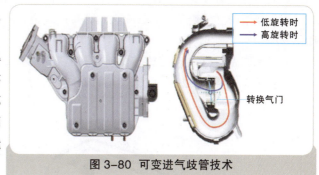

图3-80　可变进气歧管技术

发动机在低转速时，用又长又细的进气歧管，可以增加进气的气流速度和气压强度，并使得汽油得以更好地雾化，燃烧得更好，提高扭矩（就像捏扁水管后，水流就会更有力）。发动机在高转速时需要大量混合气，这时进气歧管就会变得又粗有短，这样才能吸入更多的混合气，提高输出功率。

由于混合气是具有质量的流体，在进气管中的流动状态是千变万化的，工程上往往要运用流体力学来优化其内部设计，例如将进气歧管内壁打磨光滑减轻阻力，或者刻意制造粗糙面营造气缸内的涡流运动。但是，汽车发动机的工作转速间隔高达数千转，各工况所需的进气需求不尽相同，这对普通的进气歧管是个极大的考验。于是，工程师对进气歧管进行了深层次的开发——让进气歧管"变"起来。

2. 可变长度进气歧管

可变长度进气歧管主要由转换阀、转换阀控制器及电子控制单元（ECU）等组成，如图3-81所示。

工作原理

①当发动机转速低时，发动机ECU发出指令，转换阀控制器关闭转换阀，这时，空气经过的路径如下：空气滤清器—节气门—弯曲而细长的进气歧管（细管）—气缸，如图3-81（a）所示。

细长的进气歧管提高了进气速度，充分利用气流的惯性，使进气量增多。

②当发动机转速高时，发动机ECU发出指令，转换阀控制器开启转换阀，这时，空气经过的路径如下：空气滤清器—节气门—较粗的进气歧管—气缸，如图3-81（b）所示。较粗的进气歧管进气阻力小，使进气量增多。

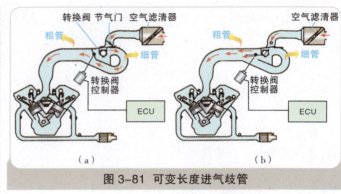

图3-81　可变长度进气歧管

（a）低转速时；（b）高转速时

3. 双进气通道歧管

双进气通道歧管结构如图3-82所示。每个歧管都有两个进气通道，一长一短。

当发动机中、低速运转时，旋转阀将短进气道封闭，空气沿长进气道进入气缸，如图3-82（a）所示。

当发动机高速运转时，旋转阀将长进气道短路（长进气通道变成了短进气通道），同时短进气道也打开，如图3-82（b）所示。这时空气同时经两个短进气通道进入气缸，进气量增加。

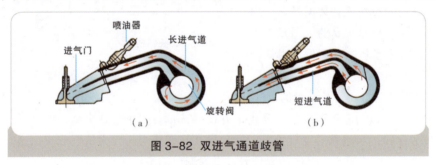

图3-82　双进气通道歧管

（a）中、低转速时；（b）高转速时

四、可变气门正时和可变气门升程

发动机在高转速时，每个气缸在一个工作循环内，吸气和排气的时间是非常短的，要想达到高的充气效率，就必须延长气缸的吸气和排气时间，也就是要求增大气门的重叠角；而发动机在低转速时，过大的气门重叠角则容易使得废气倒灌，吸气量反而会下降，从而导致发动机怠速不稳，低速扭矩偏低。

固定的气门正时很难同时满足发动机高转速和低转速两种工况的需求，所以，可变气门正时应运而生。可变气门正时可以根据发动机转速和工况的不同而进行调节，使得发动机在高低速下都能获得理想的进、排气效率。

影响发动机动力的实质其实与单位时间内进入到气缸内的氧气量有关，而可变气门正时系统只能改变气门的开启和关闭的时间，却不能改变单位时间内的进气量，可变气门升程就能满足这个需求。如果把发动机的气门看作是房子的一扇"门"的话，气门正时可以理解为"门"打开的时间，如图3-83所示，气门升程则相当于"门"打开的大小，如图3-84所示。

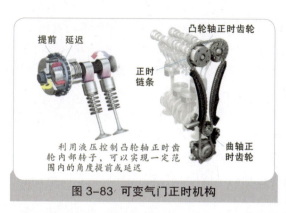

利用液压控制凸轮轴正时齿轮内部转子，可以实现一定范围内的角度提前或延迟

图3-83　可变气门正时机构

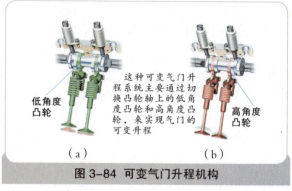

（a）　　　　　　（b）

这种可变气门升程系统主要通过切换凸轮轴上的低角度凸轮和高角度凸轮，来实现气门的可变升程

图3-84　可变气门升程机构

（a）切换到低角度凸轮时，气门升程小；　（b）切换到高角度凸轮时，气门升程大

1. 丰田 VVT-i 可变气门正时系统

丰田可变气门正时系统已广泛应用，主要的原理是在凸轮轴上加装一套液力机构，通过 ECU 的控制，在一定角度范围内对气门的开启、关闭的时间进行调节，或提前，或延迟，或保持不变，如图3-85 所示。

凸轮轴的正时齿轮的外转子与正时链条（皮带）相连，内转子与凸轮轴相连。外转子可以通过液压油间接带动内转子，从而实现一定范围内的角度提前或延迟。

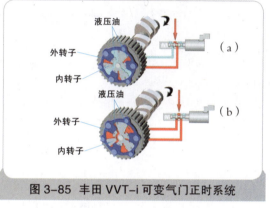

图3-85　丰田 VVT-i 可变气门正时系统

（a）当充满液压油（蓝色时），角度提前；　（b）当充满液压油（红色时），角度延迟

2. 本田 i-VTEC 可变气门升程系统

本田 i-VTEC 可变气门升程系统的结构和工作原理并不复杂，可以看作在原来的基础上加了第三根摇臂和第三个凸轮轴。它是怎样实现改变气门升程的呢？可以简单地理解为，通过三根摇臂的分离与结合，来实现高低角度凸轮轴的切换，从而改变气门的升程，如图3-86 所示。

当发动机处于低负荷时，三根摇臂处于分离状态，低角度凸轮两边的摇臂来控制气门的开闭，气门升程量小；当发动机处于高负荷时，三根摇臂结合为一体，由高角度凸轮驱动中间摇臂，气门升程量大。

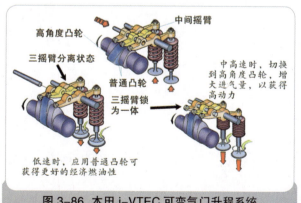

图3-86　本田 i-VTEC 可变气门升程系统

3. 宝马 Valvetronic 可变气门升程系统

宝马 Valvetronic 可变气门升程系统，主要是通过在其配气机构上增加偏心轴、伺服电动机和中间推杆等部件来改变气门升程。当电动机工作时，蜗轮蜗杆机构会驱动偏心轴发生旋转，再通

过中间推杆和摇臂推动气门。偏心轮旋转的角度不同，凸轮轴通过中间推杆和摇臂推动气门产生的升程也不同，从而可实现对气门升程的控制，如图 3-87 所示。

可变气门机构工作原理：主要通过电动机进行气门升程的控制，当在高速时，通过电动机控制相关机构，以增大气量，满足动力的需要；反之同理。

4. 奥迪 AVS 可变气门升程系统

在电磁驱动器的作用下，通过螺旋沟槽可以使凸轮轴向左或向右移动，从而实现不同凸轮间的切换，如图 3-88 所示。

图 3-87 宝马发动机可变气门升程系统

图 3-88 奥迪 AVS 可变气门升程系统

奥迪 AVS 可变气门升程系统，主要通过切换凸轮轴上两组高度不同的凸轮来实现改变气门的升程，其原理（图 3-89）与本田的 i-VTEC 非常相似，只是 AVS 系统是通过安装在凸轮轴上的螺旋沟槽套筒来实现凸轮轴的左右移动，进而切换凸轮轴上的高低凸轮的。

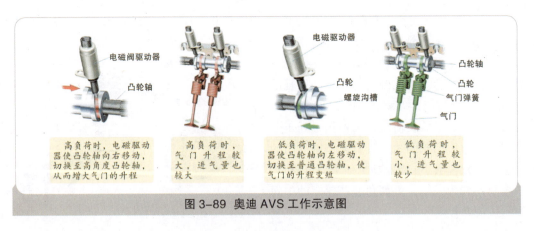

图 3-89 奥迪 AVS 工作示意图

发动机处于高负荷时，电磁驱动器使凸轮轴向右移动，切换到高角度凸轮，从而增大气门的升程；当发动机处于低负荷时，电磁驱动器使凸轮轴向左移动，切换到低角度凸轮，以减少气门的升程。

任务五　配气机构故障诊断与排除

一、常见故障

配气机构传动链长、零件多，旋转、往复运动频繁，运动规律特殊，润滑条件相对较差，工作中由于磨损使各配合副、摩擦副的间隙增大，这些都会影响到发动机的技术性能。配气机构常见的故障有以下几种。

1. 凸轮轴响

1）故障现象

发动机缸盖处出现有节奏而较钝的"嗒嗒"响声，发动机一般无其他异常现象。

2）故障原因

凸轮轴及其轴承间配合松旷；凸轮轴弯曲变形；凸轮轴轴向间隙过大。

3）诊断方法

在缸盖处可听到有节奏而较钝的"嗒嗒"响声，发动机中速时比较明显，高速时消失，做单缸断火试验，声响依旧。

4）排除方法

拆检配气机构，更换故障零件。

2. 液力挺柱故障

1）故障现象

发动机发出类似普通机械气门脚响的现象。

2）故障原因

① 发动机机油油面过高或过低,导致有气泡的机油进到液压挺柱中,形成弹性体而产生噪声。
② 机油压力过低。
③ 机油泵、集滤器损坏或破裂,使空气吸到机油中去。
④ 液力挺柱失效。
⑤ 使用质量低劣的机油。

3）诊断方法

发动机运转时,出现有节奏的"嗒嗒"声,怠速时明显,中速以上减弱或消失。

4）排除方法

拆卸油底壳,检查更换机油泵、集滤器;调整机油液面或更换机油;拆检配气机构,更换液压挺柱或气门导管。

3. 气门脚响

气门脚响是因为气门间隙过大而发出的一种连续而有节奏的金属敲击声。

1）故障现象

发动机发出清脆有节奏的"嗒嗒"响声,响声随转速而变化,与温度变化无关。

2）故障原因

该响声在发动机任何转速下均能听到,并且随发动机转速升高而响声增大,尤其在怠速、中速时响声更加清晰,其响声不随温度改变和"断火"而变化。

3）诊断方法

响声在缸盖处比较明显,拆下气门室盖,发动机怠速运转,用厚薄规依次插入气门间隙处检查。如果插入一个气门后,响声减弱或消失,即为气门间隙过大而发响。

4）排除方法

重新调整气门间隙。

4. 气门漏气

气门漏气是指气门与气门座工作面密封不良，产生气体渗漏，导致气缸压力下降等现象。

1）故障现象

发生该故障时，发动机会出现起动困难，进气管回火，排气管放炮、冒烟，燃油消耗增加，以及出现异响等现象。

2）故障原因

①气门与气门座工作面磨损、烧蚀、密封不良而漏气。
②气门与气门座工作面有积炭，气门关闭不严而漏气。
③气门与气门导管间隙过大，气门杆晃动，导致气门关闭不严而漏气。
④气门杆在气门导管内发涩或卡住，气门不能上下移动。
⑤气门弹簧失去弹性，或弹簧折断。

3）诊断方法

在排除点火系统、燃料系统故障原因后，尚不能确定故障时，测量气缸压力或测量进气歧管的真空度，可以比较准确地确定该故障。测量气缸压力时，气门漏气的气缸压力较其他气缸偏低。

4）排除方法

拆卸缸盖，对气门组零件进行修理、修磨或更换损坏的气门等零件。

二、进气歧管真空度分析

进气歧管真空度是进气管内的进气压力与外部大气压力的压力差，它对气缸和活塞组的磨损情况、进气管的密封状况、排气管通畅程度、配气机构的技术状况、点火系统、供油系统调整状况的变化等都有不同数值的反映，而且原因不同真空度变化的特点也不同。

1. 检测真空度的步骤

①将量程为 0 ~ 100 kPa 或 0 ~ 0.1 MPa 的真空表装在进气歧管上。
②起动发动机预热至正常温度 (75 ℃ ~ 85 ℃)。
③使发动机处于怠速 (750 ~ 800 r/min) 下运转并进行检测取值。

2. 分析诊断

①发动机在海平面高度时怠速运转，真空表指针应稳定在 57～71 kPa，当迅速开启和关闭节气门时，如真空表指针能随之在 7～84 kPa 间摆动，则进一步表明发动机密封性能良好。

②真空表指针有规律地下降至 3～23 kPa，表明气门与气门座密封不好；有规律地下降至 10～16 kpa，表明气门杆与导管有卡滞现象。

③真空表指针迅速地在 33～47 kPa 间波动，表明气门弹簧力不足或折断。

④真空度比正常低，且缓慢地在 47～60 kPa 间波动，表明气门杆与导管配合间隙过大。

⑤真空度在 27～47 kPa 间，表明气门开启过迟。

⑥真空度在 47～57 kPa 间，表明点火过迟。

⑦真空度在 47～53 kPa 间缓慢摆动，表明火花塞电极间隙过小或触点接触不良，引致点火能量不足。

⑧发动机在 2 000 r/min 时突然关闭节气门，若真空度下降到 6～16 kPa，则表明活塞、活塞环或气缸磨损严重；若真空度由 83 kPa 下降到 6 kPa 以下，并迅速恢复正常，则表明进、排气歧管漏气。

一、填空题

1. 根据_____不同，配气机构的布置形式分为_____和_____两种。

2. 曲轴与凸轮轴间的正时传动方式有_____、_____和_____等三种方式。

3. 气门由_____和_____两部分组成。

4. 在装配曲轴和凸轮轴时，必须将_____对准以保证正确的_____和_____。

5. 四冲程发动机每完成一个工作循环，曲轴旋转_____周，各缸的进、排气门各开启_____次，此时凸轮轴旋转_____周。

二、选择题

1. 四冲程四缸发动机配气机构的凸轮轴上同名凸轮中线间的夹角是（　　　　）。

　　A. 180°　　B. 60°　　C. 90°　　D. 120°

2. 曲轴与凸轮轴之间的传动比为（　　　　）。

　　A. 2∶1　　B. 1∶2　　C. 1∶1　　D. 4∶1

3. 凸轮轴上凸轮的轮廓形状决定于（　　　　）。

　　A. 气门的升程　　B. 气门的运动规律　　C. 气门的密封状况　　D. 气门的磨损规律

4. 下述各零件不属于气门组的是（　　　　）。

　　A. 气门弹簧　　B. 气门座　　C. 摇臂轴　　D. 气门导管

5. 进排气门在排气上止点时（　　　　）。

　　A. 进气门开，排气门关　　　　B. 排气门开，进气门关

　　C. 进排气门全关　　　　D. 进排气门叠开

6. 四冲程发动机曲轴，当其转速为 3 000 r/min 时，则同一气缸的进气门，在 1 min 时间内开闭次数应该是（　　　　）。

　　A. 3 000 次　　B. 1 500 次　　C. 750 次　　D. 1 800 次

三、判断题

1. 气门间隙是指气门与气门座之间的间隙。（　　）

2. 凸轮轴的转速比曲轴的转速快一倍。（　　）

3. 正时齿轮装配时，必须使正时标记对准。（　　）

4. 挺杆在工作时，既有上下往复运动，又有旋转运动。（　　）

5. 进气门头部直径通常要比排气门的头部大，而气门锥角有时比排气门的小。（　　）

6. 排气门的材料一般要比进气门的材料好些。（　　）

四、简答题

1. 什么叫配气相位？配气相位失准的原因是什么？

2. 为什么要有气门间隙，气门间隙过大或过小有什么危害？

3. 为什么现代发动机多采用多气门的结构？

4. 凸轮轴的布置形式有几种？各有何优缺点？

课题四
发动机冷却系统

 学习任务

1. 掌握发动机冷却系统的组成及功用。
2. 掌握发动机冷却系统的工作原理。
3. 掌握发动机冷却系统的检测维修方法。

 技能要求

1. 能够对发动机冷却系统易损零件进行检测、修理或更换。
2. 能够对发动机冷却系统进行拆装。
3. 能够对发动机冷却系统常见故障进行分析、判断并排除。

任务一　冷却系统概述

一、发动机冷却系统的作用及类型

1. 发动机冷却系统的作用

　　汽车冷却系统的作用是保证发动机可以迅速达到理想的工作温度，保证其工作可靠，耐热，以得到良好的动力性和经济性。无论环境和工作条件如何变化，要使其始终保持在一定的温度范围。无论是在极冷或极热的条件下，无论是在交通堵塞的城市环境中还是在高速公路上全速行驶，发动机必须能够同样高速地运转。

　　发动机工作时，气缸内的气体温度很高，若不及时冷却散热，会使零部件温度过高而膨胀，影响正常的配合间隙，导致活塞"咬缸"、轴瓦"抱轴"、柴油机因柱塞卡死而"飞车"等严重事故；还会使发动机工作过程恶化，产生爆燃；零部件的机械强度下降；润滑油变质，润滑不良，零件磨损加大。最终导致发动机性能、经济性、可靠性、耐久性及排放性能的全面下降。发动机温度过低时，会造成着火燃烧条件变差，起动困难；发动机工作粗暴；散热不良及机械损失增加；零件磨损加大；CO 及 HC 排放增加，排放恶化等；导致发动机功率下降及燃油消耗率增加。

2. 发动机冷却系统的类型

　　汽车发动机常见的冷却方式有两种，即水冷却和风冷却。以空气为冷却介质的冷却系统称为风冷系统；以冷却液为冷却介质的冷却系统称为水冷系统。现今汽车发动机，尤其是轿车发动机大都采用水冷却系统，只有少数汽车发动机采用风冷却系统。

1）风冷却系统

　　一般由铝合金缸体和气缸盖组成，表面均布了散热片。风冷却系统是利用高速空气流直吹过气缸盖和气缸体的外表面，把从气缸内部传出的热量散发到大气中去，以保证发动机在最有利的温度范围内工作，如图 4-1 所示。

图 4-1　风冷发动机

2）水冷却系统

　　水冷却系统是以冷却液为冷却介质，通过对冷却液的不断循环，从发动机水套中吸收多余热量并散发到大气中，根据冷却液循环方式的不同，水冷却系统又可以分为蒸发式（利用水的温度差使冷却液在发动机中循环流动）、自然循环（冷却液在管道中自然流动）、强制循环（水泵强制冷却液在发动机中循环流动）三种方式，目前汽车上普遍采用的是强制循环水冷却系统，如图4-2所示。

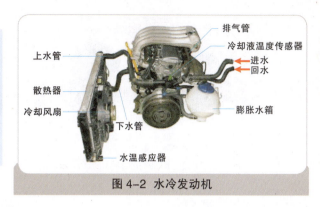

图 4-2 水冷发动机

二、发动机的组成和工作原理

1. 组成

汽车发动机冷却系统的主要结构部件有：节温器、水泵、散热器、散热风扇、水温感应器、蓄液罐、采暖装置（类似散热器）。在整个冷却系统中，冷却介质是冷却液。

1）节温器

节温器（图4-3）是决定走"冷车循环"，还是"正常循环"。节温器在80 ℃后开启，95 ℃时开度最大。节温器不能关闭，否则会使循环从开始就进入"正常循环"，这样就造成发动机不能尽快达到或无法达到正常温度。节温器不能开启或开启不灵活，会使冷却液无法经过散热器循环，造成温度过高或时高时正常。如果因节温器不能开启而引起过热时，散热器上下两水管的温度和压力会有所不同。

图 4-3 节温器

2）水泵

水泵（图4-4）的作用是对冷却液加压，保证其在冷却系统中循环流动。水泵的故障通常为水封的损坏造成漏液，轴承的故障使转动不正常或出声。在出现发动机过热现象时，最先应该注意的是水泵皮带，应检查皮带是否断裂或松动。

3）散热器

发动机工作时，冷却液在散热器（图4-5）芯内流动，空气在散热器芯外通过，热的冷却液由于向空气散热而变冷。散热器上还有一个重要的小零件，就是散热器盖，这个小零件很容易被忽略。随着温度变化，冷却液会"热胀冷缩"，散热器因冷却液的膨胀而内压增大，内压达到一定数值时，散热器盖开启，冷却液流到蓄液罐；当温度降低时，冷却液回流到散热器。如果蓄液罐中的冷却液不见减少，散热器液面却有降低，那么，散热器盖没有工作。

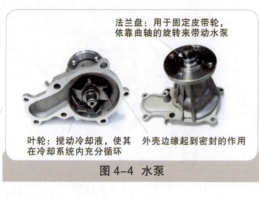

法兰盘：用于固定皮带轮，依靠曲轴的旋转来带动水泵

叶轮：搅动冷却液，使其在冷却系统内充分循环　外壳边缘起到密封的作用

图 4-4　水泵

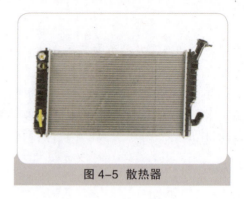

图 4-5　散热器

4）散热风扇

正常行驶中，高速气流已足以散热，风扇一般不会在这时候工作；但在慢速和原地运行时，风扇就可能转动来助散热器散热。风扇的起动由水温感应器控制。图 4-6 所示为汽车散热风扇。

5）水温感应器

水温感应器其实是一个温度开关，当发动机进水温度超出 90 ℃，水温感应器将接通风扇电路。如果循环正常，而温度升高时，风扇不转，就需要检查水温感应器和风扇本身。

图 4-6　汽车散热风扇

6）蓄液罐

蓄液罐（图 4-7）的作用是补充冷却液和缓冲"热胀冷缩"的变化，所以不要加液过满。如果蓄液罐完全用空，就不能仅仅在罐中加液，需要开启散热器盖检查液面并添加冷却液，不然蓄液罐就会失去功能。

7）采暖装置

采暖装置在车内，一般不会出问题。从循环介绍可以看出，此循环不受节温器控制，所以冷车时打开暖气，这个循环会对发动机的升温有稍延后的影响，但影响不大，不用为了让发动机升温而使人冻着。也正因为这循环的特点，在发动机出现过热的紧急情况下，打开车窗，暖气开到最大，对发动机的降温会有一定的帮助。采暖装置如图 4-8 所示。

图 4-7　蓄液罐

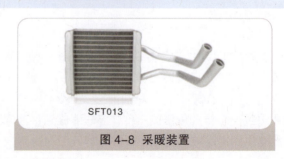

图 4-8　采暖装置

2. 冷却系的工作原理

冷却液在冷却系统内的循环流动路线有两条：一条为大循环；另一条为小循环。所谓大循环是指冷却液温度过高时，水经过散热器而进行的循环流动；而小循环是指冷却液温度低时，水不经过散热器而进行的循环流动，从而使冷却液温度升高。冷却系统的大小循环流量通常利用节温器来控制。节温器装在冷却液循环的通路中（一般装在气缸盖的出水口），根据发动机负荷大小和冷却液温度的高低自动改变水的循环流动路线，以达到调节冷却系统的冷却强度的目的。

1）小循环

当冷却液温度低于 70 ℃时，节温器阀门关闭了通往散热器的管道，同时打开了通往水泵的旁通管，冷却液经水泵增压后，发动机从水套壁周围流过并从水套壁吸热而升温，然后向上流入气缸盖水套，从气缸盖水套壁吸热之后流经节温器，经小循环水管返回发动机体水套，此时发动机冷却系统进行小循环，图4-9所示为冷却液小循环流动路线。

2）大循环

当大发动机在正常热状态下工作时，即冷却液温度高于 80 ℃，节温器阀门打开了通往散热器的通道，同时关闭了通往水泵的旁通管，冷却液经节温器及散热器进水软管流入散热器，在散热器中,冷却液向流过散热器周围的空气散热而降温，最后冷却液经散热器出水软管返回水泵，形成大循环，图4-10所示为冷却液大循环流动路线。 当发动机的冷却液温度在 70 ℃ ~ 80 ℃，通往散热器的通道和通往水泵的旁通管道均处于半开闭状态，此时一部分水进行大循环，而另一部分水进行小循环。

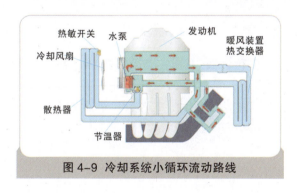

图 4-9 冷却系统小循环流动路线

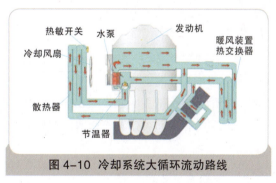

图 4-10 冷却系统大循环流动路线

三、冷却液

冷却液是汽车发动机不可缺少的一部分。它在发动机冷却系统中循环流动，将发动机工作中产生的多余热能带走，使发动机能以正常工作温度运转。当冷却液不足时，会使发动机冷却液温度过高，而导致发动机机件损坏。冷却液除了具有冷却作用之外，还具有防冻、防腐蚀、防水垢等功能。同时冷却液还是发动机冷却系统中最重要的工作介质，汽车常用的冷却液包括水及加有防冻剂的防冻液。

1. 水冷却液

直接用水作为冷却液，具有简单和方便的特点。但水沸点低，易蒸发，需要经常添加。而且不宜添加河水、井水等含矿物质的水，以免产生水垢，影响冷却系统的散热性能。要求添加雨水、雪水或离子交换水，给冷却液添加造成困难。更应值得注意的是水在严寒的冬季易结冰，需放水过夜，否则会造成结冰时体积膨胀，机体胀裂气缸盖的严重事故。

2. 防冻液

现代轿车普遍采用防冻液，以提高冷却液的防冻和防沸的能力。如大众系列轿车采用乙二醇为基料的冷却液（乙二醇的质量占45.6%、水的质量占54.4%），使其冰点在 −25 ℃以下，沸点在106 ℃以上。不同的冷却液有不同的冰点和沸点，可以根据发动机使用条件进行选用。冷却液还添加防锈剂、泡沫抑制剂等，有利于减轻冷却系统锈蚀和冷却液泡沫产生，提高冷却效果。

专用冷却液一般呈深绿色或深红色，有一定毒性，使用时应注意。发现冷却液泄漏应及时检查并添加。

四、冷却液的检查与更换

1. 检查

1）外观检查

排放冷却液之前，检查冷却液的液位及其状况。若液位过低，检查冷却系统是否有渗漏现象。冷却液渗漏不仅会漏到发动机的外部，而且还会渗到发动机的内部。若冷却液（或储存冷却液的容器）很脏，内含褐色的油泥，则表明发动机机油渗漏到冷却系统内。若发动机机油呈乳白色，应该检查发动机机油。在上述任何一种情况下，均会引起严重故障。

2）冷却液冰点的检查

冰点检查的过程很简单，就是在冰点检测仪检测窗涂抹一点儿冷却液，就能察看冰点是多少，如图 4-11 所示。

冷却液必须从散热器和发动机排放（排放前打开膨胀水箱盖）。散热器的底部和发动机机体的侧面各有一个放水开关（或水堵、螺塞），车辆的品牌、款式等不同，其具体位置也不同。

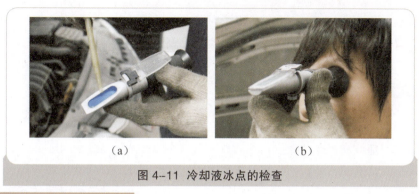

（a）　　　　　　　　　（b）

图 4-11　冷却液冰点的检查

2. 更换操作步骤

①首先关掉发动机并让其冷却，以免更换冷却液时水温过高对人体造成伤害。

②停车后要检查车下有无大量水迹，发动机室内有无水痕，发现冷却液有泄漏的，应查明原因并修理，确保换用新冷却液后不再有类似故障。

③待发动机冷却后，在排放冷却液前，将仪表板的暖风开关拨至一端，使暖风控制阀完全开启。

④拧下冷却液膨胀箱旋盖，注意要等到拧松一部分使内部高压气流减弱后，才完全拧开盖子，如图 4-12 所示。

⑤松开水箱下端的放水阀，放出冷却液，如图 4-13 所示。

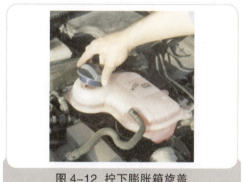

图 4-12　拧下膨胀箱旋盖

阀门位置

逆时针旋转打开

图 4-13　放水阀门

⑥检查冷却液状态，认为冷却系统需要清洗的，加入足量清水与清洗液在怠速下清洗 10 ~ 30 min(时间长短视情况而定)，然后将清洗液放出，用清水再冲洗1 ~ 2次，直至放出来的水干净为止。

⑦根据气候状况和车辆状况选用合适的冷却液，注意切勿用自来水、路边积水作冷却液，将冷却液慢慢加入膨胀箱内，直至液面高度与最高标志齐平为止 (MAX)，如图 4-14 所示。

⑧拧紧膨胀箱盖，起动发动机，直至风扇运转 2 ~ 3 min。

图 4-14　加冷却液

⑨将发动机熄火，检查冷却液液面高度，必要时补充至足量。

⑩行车过程中要经常检查冷却液液面，不足时要补充，用剩的冷却液要密封保管。

3．操作注意事项

①待冷却液放尽后，应旋紧气缸体和散热器放液开关。

②从散热器加液口加注规定冷却液，直到储液罐中的冷却液液面高度达到规定值"MAX"。

③盖好散热器盖，让发动机运转到正常工作温度后，停机熄火，待其冷却到室温。

④观察储液罐液面高度，视情况添加，直到发动机怠速运转时，储液罐内没有空气出现为止。

任务二　冷却系统主要部件的构造与检修

一、主要部件的构造

1. 风扇

1）风扇的作用

风扇的作用是提高通过散热器芯的空气流速和流量，增加散热效果，加速冷却液的冷却。风扇通常安装在散热器后面，并与水泵同轴，此为机械式风扇；安装在散热器上的风扇为电动风扇。当风扇旋转时，对空气产生吸力，使之沿轴向流动。空气流由前向后通过散热器芯，使流经散热器芯的冷却液加速冷却，如图4-15所示。

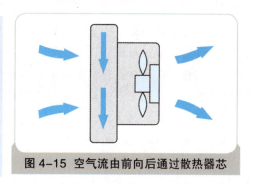

图4-15　空气流由前向后通过散热器芯

2）风扇的类型

风扇按制造材料可分为金属叶片风扇和工业塑料风扇，如图4-16所示。传统发动机风扇叶片一般用钢板冲压制成；现代发动机风扇通常采用塑料风扇，塑料风扇一般用合成树脂材料制成，以减少噪声。

风扇按驱动的动力不同可分为机械风扇和电动风扇，如图4-17所示。机械风扇装在水泵轴上，由曲轴前端带轮通过V带驱动，其速度取决于带轮的大小和曲轴的转速，这种风扇不需要另外的驱动装置。机械风扇的优点是结构简单，但发动机冷起动性差，机械损失大。电动风扇用蓄电池作为电源，采用传感器和电路系统来控制，由直流电动机驱动风扇的运转。

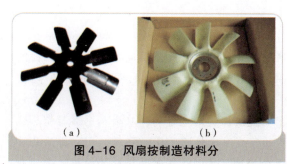

（a）　　　　　　　　（b）

图4-16　风扇按制造材料分

（a）金属叶片风扇；（b）工业塑料风扇

（a）　　　　　　　　（b）

图4-17　风扇按驱动的动力分

（a）机械风扇；（b）电动风扇

风扇按所产生的风的流向分为轴流式和离心式两种。轴流式风扇所产生的风，其流向与风扇轴平行；离心式风扇所产生的风，其流向为径向方向。轴流式风扇效率高、风量大、结构简单、布置方便，因而在车用发动机上得到了广泛的应用。

》》3）风扇的控制装置

风扇控制装置用以控制风扇的运转与转速，改变流经散热器芯部的空气流量，从而调节冷却强度，保证发动机在最有利的温度范围内工作，提高发动机的使用寿命。同时，还可以减少风扇的功率消耗，降低发动机噪声。

（1）机械风扇的控制装置。

机械风扇的控制装置主要有硅油风扇离合器和电磁风扇离合器两种。

①硅油风扇离合器。硅油风扇离合器是一种以硅油为介质，利用通过散热器芯吹向风扇的气流的温度高低改变风扇转速的风扇控制装置。硅油风扇离合器安装在风扇与水泵之间，如图 4-18 所示。

图 4-18 硅油风扇离合器

硅油风扇离合器由前盖、壳体、主动板、从动板、阀片、主动轴、双金属感温器、阀片轴、轴承和风扇等组成，如图 4-19 所示。前盖、壳体和从动板用螺钉组成一体，通过轴承装在主动轴上，风扇装在壳体上。从动板与前盖之间的空腔为储油腔，其内装有硅油（油面低于轴中心线），从动板与壳体之间的空腔为工作腔。主动板与主动轴固定连接，主动轴与水泵轴连接。从动板上有进油孔，平时由阀片关闭，若偏转阀片，则进油孔即可打开。阀片的偏转由双金属感温器控制，从动板上有凸台限制阀片最大偏转角。双金属感温器的外端固定在前盖上，内端卡在阀片轴的槽内。从动板外缘有回油孔，中心有漏油孔，以防静态时从阀片轴周围泄漏硅油。

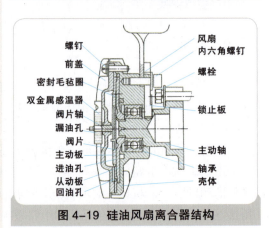

图 4-19 硅油风扇离合器结构

硅油风扇离合器的工作原理如下：

a.当发动机冷起动或小负荷下工作时，冷却液及通过散热器的气流温度不高，进油孔被阀片关闭，工作腔内无硅油，离合器处于分离状态。主动轴转动时，由于密封毛毡圈和轴承的摩擦，使风扇随同壳体在主动轴上空转打滑，转速极低。

b.当发动机负荷增加时，冷却液和通过散热器的气流温度随之升高，双金属感温器受热变形而带动阀片轴及阀片转动。当流经双金属感温器的气流温度超过 338 K(65 ℃) 时，进油孔被完全打开，于是硅油从储油腔进入工作腔。硅油十分黏稠，主动板即可利用硅油的黏性带动壳体和风扇转动。此时，风扇离合器处于接合状态，风扇转速迅速提高。

为不使工作腔中的硅油温度过高、黏度下降，要使硅油在壳体内不断循环。由于主动板转速高于从动板，因此，受离心力作用从主动板甩向工作腔外缘的油液压力比储油腔外缘的油液压力高，油液从工作腔经回油孔流向储油腔，而储油腔又经进油孔及时向工作腔补充油液。为使硅油从工作腔流回储油腔的速度加快，缩短风扇脱开时间，在从动板的回油孔旁，有一个刮油突起部伸入工作腔缝隙内，使回油孔一侧压力增高，回油加快。

c.当发动机负荷减小，流经双金属感温器的气体温度低于308 K（35 ℃）时，双金属感温器恢复原状，阀片将进油孔关闭，工作腔中油液继续从回油孔流回储油腔，直至甩空为止。风扇离合器又回到分离状态。

故障应急措施：行驶途中，若硅油风扇离合器发生故障（如漏油等），可松开内六角螺钉，把锁止板的销插入主动板孔中，再拧紧螺钉，使壳体与主动轴连成一体，但此时只靠销传动。硅油风扇离合器在日常维护时，应进行就车检查。发动机起动前用手指拨动风扇叶片有阻力，发动机起动后熄火再拨动风扇叶片，阻力应明显减少，说明硅油风扇离合器工作正常，否则应予以更换。

② 电磁风扇离合器。电磁风扇离合器是一种根据冷却液温度，通过冷却液温度感应开关和电路控制风扇运转的装置，如图4-20所示。

电磁风扇离合器的结构如图4-21所示。

电磁风扇离合器的工作原理如下：

当冷却液温度低于92 ℃，冷却液温度感应开关的电路不通，线圈不通电，离合器处于分离状态；当冷却液温度超过92 ℃，冷却液温度感应开关的电路自动接通，线圈通电，电磁壳体吸引衔铁环将摩擦片压紧，离合器处于接合状态，风扇毂随电磁壳体一起转动。

图4-20　电磁风扇离合器

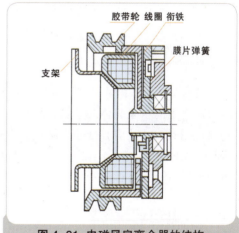

图4-21　电磁风扇离合器的结构

（2）电动风扇的控制装置。

有些轿车上采用双电动风扇的冷却系统，该系统风扇噪声小、功率低、冷却效果好，但结构复杂、成本高。

电动风扇以蓄电池为动力，其转速与发动机转速无关。电动机的开关由位于散热器的温度传感器控制，由于冷却液温度高，即使发动机已熄火，风扇仍可能转动，如图4-22所示。

驱动风扇的电动机有高速和低速两个挡位，当冷却液温度升至92 ℃～97 ℃时，低速触点闭合，风扇以1 600 r/min低速运转；当冷却液温度上升到99 ℃～105 ℃时，高速触点闭合，风扇以2 400 r/min高速运转；当冷却液温度下降到91 ℃～98 ℃时，电动机恢复低速运转；当冷却液温度下降到84 ℃～91 ℃时，电动机停止工作。

2. 水泵

1）作用与结构

水泵的作用是对冷却水加压，使冷却水在冷却系统内循环流动。汽车发动机广泛采用离心式水泵。其基本结构由水泵壳体、水泵轴、水泵叶轮及进水、出水管等组成，如图4-23所示。

图 4-22 电动风扇温控开关

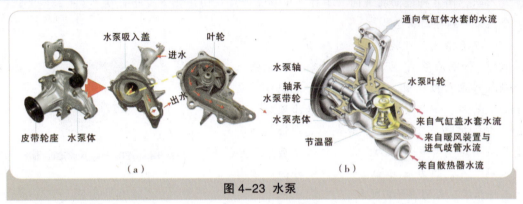

图 4-23 水泵

（a）离心式水泵实物及工作示意图；（b）结构图

2）工作原理

当水泵叶轮按图4-23所示方向旋转时，水泵中的冷却液被叶轮带动一起旋转，并在离心力的作用下甩向水泵壳体的边缘，然后经与外壳上与叶轮成切线方向的出水管被压送到发动机水套内。同时，叶轮中心处压力降低，散热器内冷却液经过进水管吸入泵腔，使整个冷却系内的冷却液循环流动。

水泵一般由曲轴通过V形带驱动。有些发动机的水泵由凸轮轴直接驱动。

3. 节温器

1）作用与结构

节温器的作用是根据发动机的工作温度自动控制冷却液的流量和循环路线。

汽车发动机装用的节温器基本是蜡式节温器，主要由主阀门、副阀门、推杆、外壳和石蜡等组成，如图4-24所示。

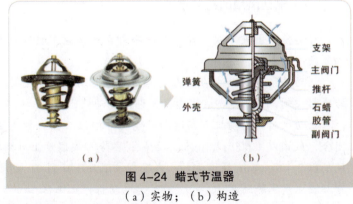

图 4-24 蜡式节温器

（a）实物；（b）构造

2）工作原理

温度低时，石蜡呈固态，主阀门被主阀门弹簧压紧在阀座上，处于关闭状态。此时，副阀门开启，冷却液进行小循环。

温度升高时，石蜡逐渐熔化成液体，体积膨胀，迫使胶管收缩对推杆端部产生向上的推力，由于推杆固定在支架上，推杆对胶管、节温器壳体产生向下的反推力。当冷却液温度升高到一定值时，反推力克服弹簧的弹力使胶管、节温器壳体向下运动，主阀门开始开启，同时副阀门开始关闭。当水温超过一定值时，主阀门完全打开，而副阀门也正好关闭小循环水路，此时来自气缸水套的冷却水全部经过散热器进行大循环。

蜡式节温器的工作原理如图 4-25 所示，水冷系统循环线路如图 4-26 所示。

大循环：当发动机冷却液升高到一定温度时，节温器主阀门完全开启，副阀门关闭。冷却液经节温器及散热器进水软管流入散热器，在散热器内，冷却液向流过散热器周围的空气散热而降温，最后冷却液经散热器出水软管返回水泵。

小循环：当发动机冷却液温度较低时，节温器主阀门关闭、副阀门打开。冷却液经水泵增压后，从气缸体水套壁周围流过并从水套壁吸热而升温，然后向上流入气缸盖水套，从气缸盖水套壁吸热之后流经节温器，然后流回水泵。

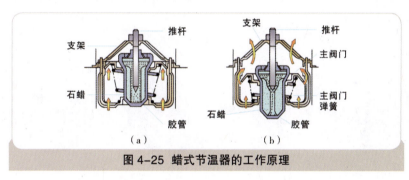

图 4-25　蜡式节温器的工作原理

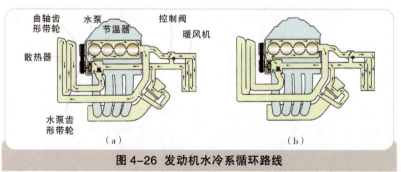

图 4-26　发动机水冷系循环路线

（a）大循环；（b）小循环

当发动机冷却液温度处于大、小循环的温度范围内时，节温器主阀门和副阀门部分开启，冷却液大、小循环都同时存在，以调节发动机温度，使之稳定在最适宜的工作范围内。

4. 散热器

1）散热器的作用和材料

散热器的作用是增大散热面积，加速冷却液的冷却。冷却液经过散热器后，其温度可降低10 ℃～15 ℃，为了将散热器传出的热量尽快带走，在散热器后面装有风扇，与散热器配合工作。散热器一般用铜或铝制成。

2）散热器的构造

散热器又称为水箱，由上水室、散热器芯和下水室等组成，如图4-27所示。

散热器上水室顶部有加水口，用散热器盖盖住，冷却液由此注入整个冷却系统。在上水室和下水室分别装有进水管和出水管，进水管和出水管分别用橡胶软管与气缸盖的出水管和水泵的进水管相连。这样既便于安装，而且当发动机和散热器之间产生少量位移时也不会漏水。在散热器下面一般装有减振垫，防止散热器受振动损坏。在散热器下水室的出水管上还有放水开关，必要时可将散热器内的冷却液放掉。

散热器芯由许多冷却管和散热片组成。对于散热器芯应该有尽可能大的散热面积，采用散热片是为了增加散热器芯的散热面积。散热器芯的构造形式有多种，常用的有管片式和管带式两种，如图4-28所示。

图 4-27 散热器

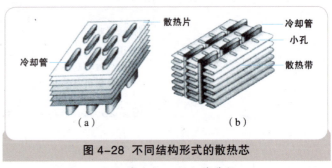

图 4-28 不同结构形式的散热芯

（a）管片式；（b）管带式

管片式散热器芯冷却管的断面大多为扁圆形，它连通上、下水室，是冷却液的通道。与圆形断面的冷却管相比，扁圆形断面的冷却管不但散热面积大，而且万一管内的冷却液结冰膨胀，扁管可以借其横断面变形而避免破裂。采用散热片不但可以增加散热面积，还可增大散热器的刚度和强度。这种散热器芯强度和刚度都好，且耐高压，但制造工艺较复杂，成本高。

管带式散热器芯采用冷却管和散热带沿纵向间隔排列的方式，散热带上的小孔是为了破坏空气流，并在散热带上形成附面层，使散热能力提高。这种散热器芯散热能力强，制造工艺简单、成本低，但结构刚度不如管片式大，一般多为轿车发动机采用，近年来在一些中型车辆上也开始采用。

目前，汽车发动机多采用闭式水冷系统，这种冷却系统的散热器盖装有空气—蒸汽阀，如

图 4-29 所示。当发动机温度升高，散热器中压力达到 126～137 kPa 时（此压力下，冷却液的沸点可达 108 ℃），蒸汽阀开启，水蒸气从蒸汽阀经通气口排入大气或膨胀水箱，使散热器内的压力下降到规定值，避免散热器破裂；当冷却液温度下降，散热器内压力低于 10～20 kPa 时，空气阀被大气压力推开，空气从通气口进入冷却系统，以防止散热器芯被大气压坏。

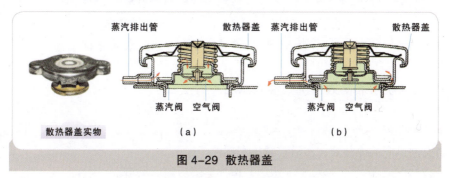

图 4-29　散热器盖

（a）空气阀开启；（b）蒸汽阀开启

　　加注防锈防冻液的汽车发动机，为了减少冷却液的损失、保证冷却系统的正常工作，都装有膨胀水箱。膨胀水箱的上方用一根软管通大气，另一根软管与散热器的溢流管相连。当散热器内蒸汽压力升高到某一值时，其盖上的蒸汽阀打开，冷却液通过蒸汽阀和溢流管进入膨胀水箱；当温度下降时，冷却液又从膨胀水箱通过真空阀流入到散热器内部。这样可以防止冷却液损失，同时防止空气不断地进入系统。膨胀水箱内部印有两条液面高度标记线，膨胀水箱内的液面高度应位于这两条刻度线之间，如图 4-30 所示。

二、冷却系统的检修

　　检查冷却系统时，要认真清除散热器和水套中的水垢，同时对散热器、散热器盖、水泵、风扇和节温器进行检查。

1．发动机水垢的清除

　　发动机水垢高效清洗剂具有高效清洗效果，除垢快速彻底，不腐蚀冷却系统内各种金属零部件，对橡胶、塑料件无影响，安全无毒、操作简便。发动机水垢如图 4-31 所示。

图 4-30　膨胀水箱

图 4-31　发动机水垢

1）使用发动机水垢高效清洗剂清除水垢（方法一）

①拆下散热器盖。
②放出发动机中的冷却液，然后拧紧放水螺栓。
③将一袋 (400 g) 除垢剂加入 5 kg 水中，搅拌溶解后加满水箱。
④起动发动机，让发动机怠速运转，使水温升至 60 ℃，熄火浸泡 3 ~ 4 h。
⑤排净发动机中的废液，用清水冲洗 2 ~ 3 遍，至所排出的水澄清即可。

2）使用发动机水垢高效清洗剂清除水垢（方法二）

①拆下散热器盖。
②放出发动机中的冷却液，然后拧紧放水螺栓。
③将一袋 (400 g) 除垢剂加入 5 kg 水中，搅拌溶解后加满水箱。
④正常出车运行。
⑤4 ~ 5 h 后排去废液，用清水冲洗 2 ~ 3 遍，至所排出的水澄清即可。

2. 散热器的检修

1）外表检查

散热器的异常主要是指管道沉积水垢，散热片与散热管堵塞；散热管因裂纹或脱焊而漏水以及机械损伤。

从外部查看散热器上、下水室及芯子，不得有渗漏现象，散热器框架不得有断裂和脱焊现象。散热器芯上如果嵌有杂物，可用细钢丝进行清理；如果散热器片有倒伏、扭斜，则应予扶正、压校平整。

检查散热器紧固情况，散热器应当紧固可靠，前后晃动应无松动现象。散热器与水泵风扇叶片间应保持适当距离。

检查散热器盖。散热器盖与散热器加水管间的密封垫如有损坏应更换。在车辆使用中，如果发现发动机出水管被吸瘪，则说明散热器盖的进气阀门损坏，应检修或更换散热器盖。

检查补偿水箱到散热器的连接管是否有漏气或堵塞现象，发现有漏气或堵塞现象应予以排除，以防补偿散热器的冷却液回不到散热器内。

2）清洗散热器

先拆除节温器，往冷却系统中加入专用清洗剂和水后，运转发动机 20 min。待冷却后排出水和清洗剂，再把水流从软管上直接引入散热器，冲洗出松动脱落的水垢。还要进行逆向冲洗，即水在压力作用下以与正常流向相反的方向冲洗散热器。

3）检查散热器渗漏情况

散热器经外部清洗及清除水垢后，须进行水压试验，检查是否漏水。其方法是，在散热器水道中通入 117 kPa 的压缩空气，如图 4-32 所示，并浸在水中，观察散热器冒气泡的情况及部位，冒气泡处即为漏水部位，应及时做标记，以便焊修。

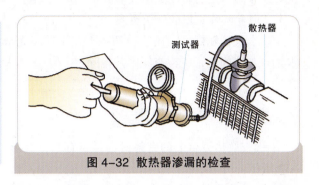

图 4-32 散热器渗漏的检查

4）散热器损伤的修理

上、下水室和外层散热管破漏可用锡焊修复。破漏处较大时，可用铜皮烫锡后，对破漏处进行锡焊修补；如果内层水管破漏，则可将外层散热片剪下，用尖烙铁直接焊修。在损坏严重时，允许将个别水管压扁，焊死继续使用或更换新水管。这种方法会使散热器的散热效率降低，所以更换和堵焊的散热管数量受一定限制。一般散热器散热管的更换数量应不多于 25%，堵焊的散热管应不多于 3 根，超过此限度，应更换散热器。

散热器修复后，应再次进行密封性试验，按规定压力加压后，1 min 内不允许有渗漏现象。对多处有渗漏的散热器应予更换；对少量几处渗漏的散热器，应予以焊补或用散热器堵漏剂进行修复。

3. 水泵的检修

1）水泵的检查

①检查泵体及皮带轮有无磨损及损伤，必要时应更换。
②检查水泵轴有无弯曲、轴颈磨损程度、轴端螺纹有无损坏。
③检查叶轮上的叶片有无破碎，轴孔磨损是否严重。
④检查水封和胶木垫圈的磨损程度，如超过使用限度应更换新件。
⑤检查轴承的磨损情况，可用百分表测量轴承的间隙，如超过 0.10 mm，则应更换新的轴承。

2）水泵的修理

水泵拆下后，应按顺序进行分解。分解后应将零件进行清洗，再逐一检查，看其是否有裂纹、损坏及磨损等缺陷，有严重缺陷者应予更换。

①水封如磨损起槽，可用砂布磨平，如磨损过甚应予更换；水封座如有毛糙刮痕，可用平面铰刀或在车床上修理。

②在泵体上具有下列损伤时允许焊修：长度在 30 mm 以内，不伸展到轴承座孔的裂纹；与气缸盖接合的突缘有破缺部分；油封座孔有损伤。

③水泵轴的弯曲不得超过 0.05 mm，否则应更换；水泵轴孔径磨损严重时应更换或镶套修复；

检查水泵轴承是否转动灵活或有异常响声，如有，则说明轴承有问题，应予更换。

④叶轮叶片破损后应予更换。

⑤水泵装配好后，用手转动一下，泵轴应无卡滞，叶轮与泵壳应无碰擦。然后检查水泵排水量，如有问题，应检查原因并排除。

4. 散热器盖的检修

①检查散热器盖上的密封衬套是否有老化变形、弯曲、起泡等现象，如有应予以更换，如图4-33所示。

②检查散热器盖上压力阀和真空阀是否有变形、损伤和锈蚀等现象，如有应予以更换，如图4-34所示。

③检查弹簧是否有变形、弹力失效和阀门工作不正常等现象，如有应予以更换。

④检查散热器盖与阀座间水垢存积状况，清除水垢，保持阀的正常工作。

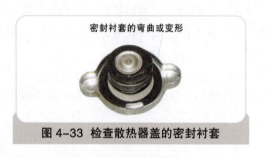

图 4-33 检查散热器盖的密封衬套

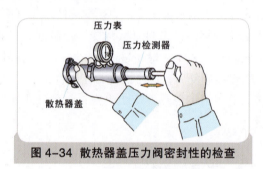

图 4-34 散热器盖压力阀密封性的检查

5. 节温器的检修

①外观检查。检查节温器的阀门、弹簧是否有变形、失效、污物等，如有应予以清理或更换。

②检查节温器。将节温器置于盛水容器内，逐渐加热，观察节温器开始开启和全开时的温度，如果开启温度不符合规定，则应更换节温器，如图4-35所示。

6. 风扇的检修

①检查风扇皮带张紧度是否符合标准。

②检查风扇温控开关或硅油风扇离合器工作是否正常。

③检查散热器风扇电动机工作状态是否正常。

图 4-35 节温器阀门开闭温度和升程的检测

三、冷却系统各部件的拆装

1. 水泵的拆装

步骤 1

拆下发动机下护板，放出冷却液，如图 4-36 所示。

步骤 2

拆下发动机皮带，如图 4-37 所示。

步骤 3

把发动机吊起，拆下发动机支架，如图 4-38 所示。

图 4-36　放出冷却液　　　　图 4-37　拆下发动机皮带　　　　图 4-38　拆下发动机支架

步骤 4

接着仔细地对正上下轮的正时标记，如图 4-39 所示。

步骤 5

然后松开张紧轮，取下正时皮带，如图 4-40 所示。

图 4-39　对正上下轮的正时标记

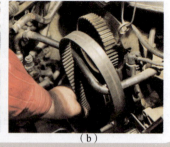

（a）　　　　　　　　（b）

图 4-40　松开张紧轮，取下正时皮带

步骤 6

松开螺栓，如图 4-41 所示。

步骤 7

取下水泵（此处水泵已近损坏，只剩下金属轴，上面的叶轮已经不见），如图 4-42 所示。

图 4-41　松开螺栓

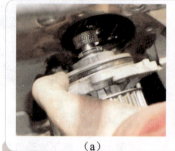

（a）　　　　　　　　（b）

图 4-42　取下水泵

步骤 8

拆卸完毕，如图 4-43 所示。

2. 安装

将新的水泵按拆卸过程的相反顺序安装，如图 4-44 所示。

图 4-43 拆卸完毕

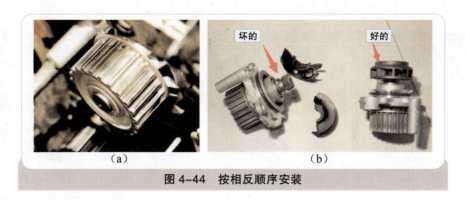

坏的　　　　　　　　　　好的

（a）　　　　　　　　　　（b）

图 4-44　按相反顺序安装

3. 节温器的拆装

1）拆卸

步骤 1

打开发动机舱，安装好防护垫，如图 4-45 所示。

步骤 2

拧开冷却液加注口盖，如图 4-46 所示。

步骤 3

取下水温传感器线束插头，如图 4-47 所示。

图 4-45　安装防护垫

图 4-46　拧开冷却液加注口

图 4-47　取下水温传感器线来插头

步骤 4

放掉冷却液。松开散热器进口软管卡扣，拔出散热器进口软管，如图 4-48 所示。

步骤 5

松开节温器紧固螺栓，如图 4-49 所示。

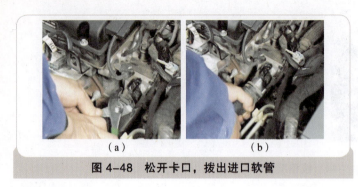

图 4-48　松开卡口，拔出进口软管

图 4-49　松开节温器紧固螺栓

步骤6

取下节温器总成，如图 4-50 所示。

步骤7

拆卸完毕，如图 4-51 所示。

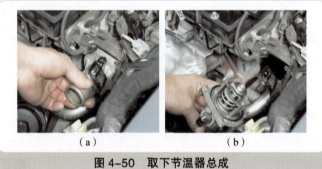

图 4-50　取下节温器总成

图 4-51　拆卸完毕

2）安装

按拆卸过程的相反顺序安装。

任务三　冷却系统故障诊断与排除

一、冷却系统故障的原因

1. 常见故障种类

发动机冷却系统常见故障有水温过高、水温过低、冷却液泄漏、节温器损坏、冷却液消耗异常、发动机过热、发动机工作温度过低等。

2. 产生故障的原因

1）水温过高

运行中的汽车，在百叶窗完全打开的情况下，冷却液温度表指针经常指在 100 ℃以上，且散热器伴随有"开锅"现象；燃烧室内出现"炽热点"。

2）水温过低

百叶窗不能完全关闭，或冬季保温装置不良引起冷却系统水温过低。

3）冷却液泄漏

冷却系统在工作时应充满冷却液。如果冷却系统缺少 5 %～7 % 容积的冷却液，冷却循环将停止。行驶时发动机会很快因过热而受到损坏。通常，蒸发仅是冷却液损失的一小部分，所有冷却液损失中至少有一半是渗漏掉，其余的一半中的大部分是沸腾和发泡沫通过散热器溢流管流失，因此，冷却液的损失多数是由于渗漏或通过溢流管流失。冷却液渗漏主要有两种形式：外渗和内渗。

（1）外渗的主要原因。

水箱芯子上下水槽及溢流管上有裂纹；出水口或进水口接头接缝处破裂；上下水槽或芯子在支撑处磨损；水管腐蚀穿孔；放水开关放水塞或气孔松动或损伤；橡胶软管损伤，软管夹箍及接头松脱或损伤；取暖器管子的螺纹接头松脱；水管腐蚀破裂或松脱；泵壳松动或垫片损坏；节温器壳松动或垫片损坏。外渗冷却液滴落在地上易于发现，便于及时查找排除，不至于造成太大的危害。

（2）内渗的主要原因。

气缸盖紧固螺栓松动或垫片破损；缸体和缸盖结合面翘曲；水套铸件裂纹或缩孔；气缸盖螺栓松动。内渗不易发现，会引起严重的后果，会造成因缺水而使发动机过热的危险。冷却液泄入燃烧室，在发动机停止工作时注满燃烧室，当起动发动机时，活塞向上运动可能使气缸盖、活塞或气缸破裂，或造成连杆弯曲。冷却液进入曲轴箱与发动机的运动部件接触，会使所有内部零件的表面形成一层黏结层，增加了摩擦阻力并引起锈蚀，造成严重的后果。冷却液进入油底壳会使机油变质，还会与机油混合形成油淞，引起润滑失效，黏结活塞环和气门，引起过度磨损及更大的发动机故障。

（3）快速检测泄漏故障的方法。

检查时，将空气压缩机的橡胶管接到散热器与补偿储液箱的软管上，将压缩空气充入闭式水冷循环系统中，其压力为 294 kPa。

外部泄漏点的检查。如果散热器上、下储水室、散热器、连接软管、放水开关、水泵等处有泄漏，均会喷出针状水柱，可明显地发现泄漏点。

机体内部泄漏点的检查。气缸垫水道损坏，导致冷却液与润滑油穿通，使润滑油里含有水分，油质变稀，数量增多。湿式缸套的密封失效，产生松动或缸套、缸体破裂。拆下机油盘后，充入压缩空气检查，就易发现泄漏点。

气缸盖内部漏水的检查。从外表观察发动机工作，排气管冒白烟。拆下火花塞，从电极上察看到沾水现象。若不拆火花塞，只拆排气管接头，将压缩空气充入冷却系统后，转动发动机，排气管下端有水流出。

4）节温器损坏

节温器不能开启或开启不灵活，会使冷却液无法经过散热器形成大循环，造成温度过高，或时高时正常。因节温器不能开启而引起过热时，散热器上下两水管的温度和压力会有所不同。

5）冷却液消耗异常

冷却系统是密封的，在正常情况下，不需经常添加冷却液，否则说明有冷却液消耗异常故障。冷却液消耗异常的主要原因是冷却液泄漏。

6）发动机过热

发动机在运行中，若冷却液温度表指针长时间指向高温（90 ℃以上）范围，并出现冷却液沸腾（俗称"开锅"），即为发动机过热。发动机过热可分为运行中突然过热和经常过热。突然过热是发动机工作中突然出现过热现象，一般是风扇传动带断裂或风扇电路故障、水泵轴与叶轮脱转、节温器主阀门脱落或冷却液严重泄漏。若发动机工作中经常出现过热现象，其原因可归纳为两方面：一是冷却系统冷却强度不足；二是发动机传热损失过大。由冷却系统的组成和各部分的功能不难分析得出导致冷却强度下降的原因：缺少冷却液、风扇传动带打滑、风扇叶片角度调整不当、散热器堵塞或散热片倾倒过多、节温器故障或水泵故障致使冷却液循环不良、水套积垢严重等。

7）发动机工作温度过低

在汽车行驶中，若冷却液温度表长时间指示在发动机正常工作温度以下，即可判定为发动机工作温度过低。对一定的发动机而言，不可能因发生故障而导致冷却强度增大或传热损失减少，从而使发动机工作温度过低。发动机工作温度过低，通常是自然因素或冷却系统的冷却强度调节装置失效所致。

二、冷却系统故障诊断与排除方法

1. 发动机温度过高

1）故障现象（图4-52）

①发动机大负荷低速行驶时冷却器沸腾。
②发动机大负荷工作时出现爆震异响。
③汽车行驶无力。

图4-52　发动机温度过高

2）故障原因

①节温器泄漏或装反，冷却水只进行小循环。
②风扇转速上不去。
③电控风扇作用时间过短。
④风扇传动带过松。
⑤缸体水套内水垢过多。
⑥冷却水循环量过小。
⑦冷却液不足。
⑧混合气过稀或过浓。混合气过稀燃烧速度慢，在做功行程中燃烧放出的热量增加，也会导致发动机过热。
⑨点火时间过迟、过早都会引起发动机过热，燃烧室积炭过多、严重超载等多种原因也会造成发动机过热。
⑩气缸盖垫破损或气缸盖破裂。大量的高温气体进入冷却器，也会导致发动机过热。

3）诊断与排除

①检查冷却系统，冷却液是否充足、风扇传动带是否过松，电风扇应检查转速是否达标。

②检查节温器是否正常。

节温器检查方法：准备一只电热杯和一支温度计，将节温器放入电热杯，加水至浸没节温器，同时放入温度计，然后加热至 80 ℃，再测量节温器的开度是否符合标准，不合格只能更换。损坏的节温器如图 4-53 所示。

③冷却水循环量是否足够。

④如果水温不高水箱就沸腾，说明气缸垫破损或气缸盖破裂。

⑤最后检查点火时刻是否正常、混合气浓度是否正常。

图 4-53 坏损的节温器

2. 发动机温度过低

1）故障现象

发动机升温缓慢或工作温度过低。

2）故障原因

节温器损坏或温度显示系统故障。

3）诊断与排除

①发动机起动运转 10 min 后工作温度应达到 85 ℃～90 ℃，否则应检查水温表和水温感应器是否有故障。

②检查水温表水温感应塞是否损坏，指示系统损坏对发动机工作影响不大。可以在发动机工作 10 min 后测量发动机温度，也可凭经验判断发动机实际温度来确定指示系统是否有故障。

③节温器调压阀损坏后与发动机的工作温度有关，工作时间长，水温才能升高，工作时间短，水温升到 45 ℃时变化不大。检查机械方面：主要是节温器黏结卡滞在开启位置，不能闭合，使冷却液始终进行大循环。

④检查电气方面：发动机冷却液温度传感器是否工作不良，信号不准确，而造成无快怠速、散热风扇长时间高速工作等。

3. 冷却液泄漏

1）故障现象

水量不足引起发动机过热。

2）诊断与排除

①检视冷却软管是否破裂，卡箍是否松动。

②检查水泵是否漏水，可用一洁净木条伸到泄水孔处，木条上无水迹则说明水泵不漏水。

③检查冷却系统内部有无漏水，拔出机油尺，若发现机油中有水，则气门室内壁或进气通道内壁有可能破裂漏水。

④打开水箱盖，如果有翻腾剧烈冒泡则是气缸垫损坏或气缸盖变形。

⑤检查散热器盖的排气阀是否松动、胶圈失效、密封不良，若冷却水容易从加水口处飞溅出来，则说明散热器盖的排气阀失效。散热器盖如图4-54所示。

⑥查看水箱是否有渗漏，如果有水渍就一定有渗漏。

⑦查看储液罐是否有裂纹，盖是否松动或密封不良。

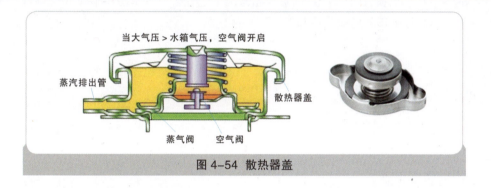

当大气压＞水箱气压，空气阀开启

蒸汽排出管

散热器盖

蒸气阀　　空气阀

图4-54　散热器盖

4. 在行驶中突然过热

1）故障现象

如图4-55所示，发动机运行中突然过热，或冷起动时发动机水温迅速升高并沸腾，在补足冷却水后才转为正常。

图4-55　行驶中发动机过热

2）故障原因

①行驶中发动机突然过热，应首先注意电流表动态，若加大油门时电流表不指示充电，且表针只是由放电3~5 A间歇摆回"0"位，说明风扇传动带断裂；如电流表指示充电，则应使发动机熄火，用手触摸散热器和发动机，若发动机温度过高而散热器温度低，说明水泵轴与叶轮松脱，使冷却水循环中断；若发动机与散热器温度差别不大，则应查找冷却系统有无严重漏水处。

②冷却水在初发动时温度很快升高，致使冷却水沸腾，这多是因为节温器主阀门脱落并横卡在散热器进水管内，阻碍了冷却水的大循环。

③水泵损坏，不能泵水。

④在行驶过程中若总是发现冷却水沸腾，应立即停车，使发动机低速运转几分钟后再熄火检查，不能立即加水降温，以防温差变化太大造成有关零件由于内应力而发生裂纹，也不能立即熄火，以防止温度骤然上升。若气缸垫烧坏，水箱口会向外溢水和排出气泡，呈现出冷却水沸腾的状态，起动时排气管会排出水分，工作时冒白烟。

3）诊断与排除

①水泵损坏，更换水泵。

②节温器损坏，更换节温器。

③气缸垫烧坏，更换气缸垫，并查明烧坏原因（气缸盖或气缸体平面度超过限度，较长时间缺水使发动机高温工作和急加水冷却等）。

思考与练习

一、填空题

1.按冷却介质不同，发动机冷却方式有_____和_____两种。

2.强制冷却水在发动机内进行循环的装置是_____。

3.发动机采用电动风扇，风扇不再与水泵同轴，风扇由_____直接驱动，风扇的转动与否由装在散热器一侧的_____开关控制。

4.散热器分为_____和_____两种类型。

5.硅油风扇离合器是以_____为传递转矩的介质，以_____为控制原件，由流经散热器的空气温度为_____，控制双金属感温器热胀冷缩，转动阀片进行离合工作。

6.离心式水泵主要由_____、_____、_____及_____等组成。

二、选择题

1.发动机的正常工作温度应在水温表上指示（　　）。

    A. 30 ℃ ~ 40 ℃　　　B. 60 ℃ ~ 70 ℃　　　C. 80 ℃ ~ 90 ℃　　　D. 低于 100 ℃

2.当发动机机体的温度超过90℃时，冷却水（　　）。

    A. 全部进行小循环　　　　　　B. 全部进行大循环

    C. 大、小循环同时进行　　　　D. 不一定

3.硅油式风扇离合器的感温元件是（　　）。

    A. 硅油　　　B. 电子开关　　　C. 离合器壳体　　　D. 盘状双金属片

4.节温器通过改变流经散热器的（　　）来调节发动机的冷却强度。

    A. 冷却水的流量　　　B. 冷却水的流速　　　C. 冷却水的流向　　　D. 冷却水的温度

5.以下零件中属于发动机冷却强度调节装置的是（　　）。

    A. 水泵　　　B. 风扇　　　C. 水温感应塞　　　D. 节温器

三、判断题

1.硅油风扇离合器中的硅油主要用来润滑离合器。　　　　　　　　　　　（　　）

2.发动机的风扇与水泵同轴，是由曲轴通过凸轮轴来驱动的。　　　　　（　　）

3.发动机在工作过程中，冷却水的温度越低越好。　　　　　　　　　　（　　）

4.蜡式节温器在使用中失灵，允许拆除节温器。　　　　　　　　　　　（　　）

5.冷却液冷却常数是指发动机热平衡时，冷却液出口温度与环境温度的差值。（　　）

6.一般情况下，增大风扇到发动机的距离可以提高风量　。　　　　　　（　　）

四、简答题

1. 发动机冷却系统的作用是什么?

2. 什么是大循环? 什么是小循环? 分别说明其冷却水的流动路线。

3. 水冷系统水泵的工作原理是什么?

课题五
发动机润滑系统

学习任务

1. 掌握发动机润滑系统的组成及功用。
2. 掌握发动机润滑系统的工作原理。
3. 掌握发动机润滑系统的检测、维修方法。

技能要求

1. 能够对发动机润滑系统易损零件进行检测、修理或更换。
2. 能够对发动机润滑系统进行拆装。
3. 能够对发动机润滑系统常见故障进行分析、判断，并排除。

一、发动机润滑系统的作用

发动机工作时，各运动零部件均以一定的力作用在另一个零部件上，并且发生高速的相对运动，所以各零部件表面必然要产生摩擦、加速磨损。因此，为了减轻磨损、减小摩擦阻力、延长使用寿命，发动机上都必须设有润滑系统。润滑系统的作用有如下几个方面。

1. 润滑作用

润滑运动零部件表面，减小摩擦阻力和磨损，减小发动机的功率消耗。

2. 清洗作用

机油在润滑系统内不断循环，清洗摩擦表面，带走磨屑和其他异物。

3. 冷却作用

机油在润滑系统内循环时还能带走因摩擦产生的热量，起冷却作用。

4. 密封作用

在运动零部件之间形成油膜，提高它们的密封性，有利于防止漏气或漏油。

5. 防锈蚀作用

在零部件表面形成油膜，对零部件表面起保护作用，防止腐蚀生锈。

6. 液压作用

机油还可用作液压油，如液压挺柱，起液压作用。

7. 减振缓冲作用

在运动零部件表面形成油膜，吸收冲击并减小振动，起减振缓冲作用。

二、发动机润滑系统的润滑方式

由于发动机各运动零部件的工作条件不同，对润滑强度的要求也就不同，因而要相应地采取不同的润滑方式，发动机一般采用以下三种润滑方式。

1. 压力润滑

压力润滑是指利用机油泵，将具有一定压力的机油源源不断地送往摩擦表面。例如，曲轴主轴承、连杆轴承及凸轮轴轴承等处承受的载荷及相对运动速度较大，需要以一定压力将机油输送到摩擦面的间隙中，才能形成油膜以保证润滑，这种润滑方式称为压力润滑。有的发动机活塞设计有冷却油道，用专门油管对其供油，以加强对活塞的冷却作用，如图5-1所示。

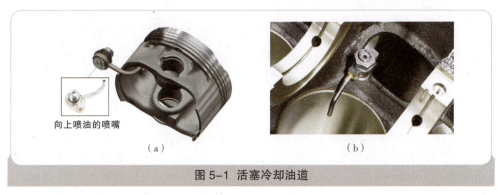

向上喷油的喷嘴

（a）　　　　　　　　　　（b）

图 5-1　活塞冷却油道

（a）活塞；（b）气缸

2. 飞溅润滑

利用发动机工作时运动零部件飞溅起来的油滴或油雾来润滑摩擦表面的润滑方式称为飞溅润滑。这种润滑方式可使裸露在外面承受载荷较轻的气缸壁，相对滑动速度较小的活塞销以及配气机构的凸轮表面、挺柱等得到润滑。

3. 定期润滑

发动机辅助系统中有些零部件则只需定期加注润滑脂（黄油）进行润滑，例如水泵及发电机轴承就是采用这种方式定期润滑。近年来，常在发动机上采用含有耐磨润滑材料（如尼龙、二硫化钼等）的轴承来代替加注润滑脂的轴承。

三、润滑剂

发动机的润滑剂有机油和润滑脂。机油也称为润滑油，品种很多。

1.机油

汽油发动机和柴油发动机使用的机油不同，汽油发动机润滑系统使用的机油俗称汽油机机油，柴油发动机润滑系统使用的机油俗称柴油机机油，如图 5-2 所示。

机油的黏度随温度变化而变化，温度高则黏度小，温度低则黏度大。因此，要根据季节选用不同牌号的机油。

机油的使用特性包括如下几个方面：

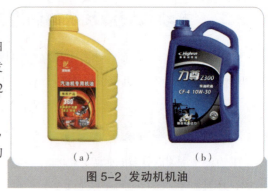

图 5-2 发动机机油
（a）汽油机机油；（b）柴油机机油

（1）适当的黏度。

机油黏度对发动机的工作有很大的影响。黏度过小，在高温、高压下容易从摩擦表面流失，不能形成足够厚度的油膜；黏度过大，冷起动困难，机油不能被泵送到摩擦表面。

（2）优异的氧化安定性。

氧化安定性是指机油抵抗氧化作用不使其性质发生永久变化的能力。当机油在使用与储存过程中与空气中的氧气接触而发生氧化作用时，机油的颜色变暗，黏度增加，酸性增大，并产生胶状沉积物。氧化变质的机油将腐蚀发动机零件，甚至破坏发动机的工作。

（3）良好的防腐性。

机油在使用过程中不可避免地会被氧化而生成各种有机酸。这类酸性物质对金属零件有腐蚀作用，可能会使铜铅和镉镍一类的轴承表面出现斑点、麻坑或使合金层剥落。

（4）较低的起泡性。

由于机油在润滑系统中快速循环和飞溅，必然会产生泡沫。如果泡沫太多，或泡沫不能迅速消除，将造成摩擦表面供油不足。控制泡沫生成的方法是在机油中添加泡沫抑制剂。

（5）强烈的清净分散性。

机油的清净分散性是指机油分散、疏松和移走附着在零件表面上的积炭和污垢的能力。为使机油具有清净分散性，必须加入清净分散添加剂。

（6）高度的极压性。

在摩擦表面之间的油膜厚度小于 $0.3 \sim 0.4\ \mu m$ 的润滑状态，称为边界润滑。习惯上把高温、高压下的边界润滑，称为极压润滑。机油在极压条件下的抗摩性叫作极压性。

2. 润滑脂

润滑脂是将稠化剂掺入液体润滑剂中所制成的一种稳定的固体或半固体产品，如图 5-3 所示。其中可以加入旨在改善润滑脂某种特性的添加剂。

润滑脂具有良好的黏附性，在常温下可附着于垂直表面而不流淌，并能在敞开或密封不良的摩擦部位工作。具有防水、防尘、防锈和润滑作用。

图 5-3　润滑脂

四、润滑系统的组成及油路

润滑系统由机油泵、机油滤清器、集滤器、机油散热器、冷却器和油底壳等组成。此外，润滑系统还包括机油压力表、温度表和机油管道等。

现代汽车发动机润滑系统的油路大致相同，润滑系统的结构及油路如图 5-4 所示。在此系统中，曲轴的主轴颈、曲柄销、凸轮轴颈及中间轴（分电器和机油泵的传动轴颈）均采用压力润滑，其余部分则用飞溅润滑或润滑脂润滑。

当发动机工作时，机油从油底壳经集滤器被机油泵送入机油滤清器。如果油压太高，则机油经机油泵上的安全阀返回油底壳。全部机油经滤清器滤清之后进入发动机主油道。滤清器盖上设有旁通阀，当滤清器堵塞时，机油不经过滤清器滤清而由旁通阀直接进入主油道。机油经主油道进入五条分油道，分别润滑五个主轴承。然后，机油经曲轴上的斜油道，从主轴承流向连杆轴承，润滑连杆轴颈。主油道的另一条分油道直通凸轮轴轴承润滑油道，此油道也有五个分油道，分别向五个凸轮轴轴承供油。在凸轮轴轴承润滑油道的后端，也就是整个压力润滑油路的终端装有最低机油压力报警开关。当发动机起动之后，机油压力较低，最低油压报警开关触点闭合，油压指示灯亮。当机油压力超过一定值时，最低油压报警开关触点断开，指示灯熄灭。

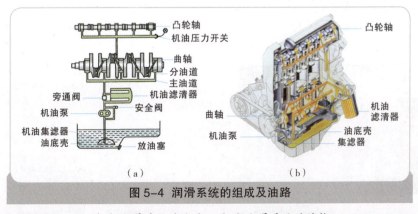

图 5-4　润滑系统的组成及油路

（a）润滑系统的油路；（b）润滑系统的结构

五、机油的检查与更换

1. 检查

1）油量检查

①选择发动机起动前或停机 10 ～ 15 min 后，将车辆停放在平坦的地面上，如图 5-5 所示。

②拔出油标尺，用洁净的软布擦去机油标尺上面黏附的机油。将机油标尺再次插入油底壳，如图 5-6 所示。

图 5-5 停放车辆

图 5-6 拔插机油标尺

③拔出机油标尺，观察机油标尺的机油黏附高度。机油标尺上的两条刻线，上刻线"F"表示机油的最多量；下线"L"表示机油的最少量，如图 5-7 所示。

检查机油标尺

机油刻度应在这两个位置之间

图 5-7 检查机油标尺的刻度

2）油质检查

①起动发动机，待其达到正常工作温度后停机。

②拔出机油标尺，将机油标尺上黏附的机油滴在色纸上（最好是滤纸），放置一定的时间后观察油滴的扩散情况及油斑中心的颜色，如图 5-8 所示。

油滴的核心部分呈深灰色、褐色且透明，则属正常，机油可继续使用，如图 5-9 所示。

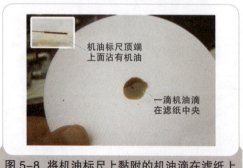

机油标尺顶端上面沾有机油

一滴机油滴在滤纸中央

图 5-8 将机油标尺上黏附的机油滴在滤纸上

全新润滑油扩散区和沉积区区别不明显，整个油斑色泽均匀

图 5-9 正常范围内的机油

若油滴呈乳液状且油滴的扩散范围较大，外围颜色较浅，如图 5-10 所示，说明机油中掺入了燃油或冷却液，则机油已不能继续使用，应更换。

若油斑上积聚较多金属微粒或黑色沉淀物，如图 5-11 所示，说明机油已老化变质，应更换。

图 5-10 非正常范围内的机油（一）

图 5-11 非正常范围内的机油（二）

2. 更换

①将车辆停放在平坦的地面上，起动发动机并使其处于热状态，然后熄火。将车辆升起，如图 5-12 所示。

②拧下油底壳上的放油螺塞，趁热放出机油，如图 5-13 所示。

图 5-12 将车辆升起

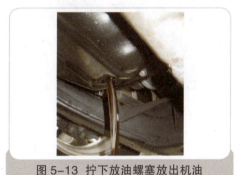

图 5-13 拧下放油螺塞放出机油

③用专用工具拆卸机油滤清器，放净机油，如图 5-14 所示。

④擦干净机油滤清器座，如图 5-15 所示。

图 5-14 拆卸机油滤清器

图 5-15 擦干净机油滤清器座

⑤在将新滤清器装上之前，要先在滤清器上倒上一点机油，并且涂匀在滤清器的表面上，使滤清器首先润滑，如图 5-16 所示。

⑥安装新的机油滤清器，如图 5-17 所示。

图 5-16 滤清器上倒少许机油

图 5-17 安装新的机油滤清器

⑦按规定力矩拧紧油底壳的放油螺塞，如图 5-18 所示。

⑧换好机油滤清器，拧上放油螺塞，按规定容量加注新机油，如图 5-19 所示。

图 5-18 拧紧放油螺塞

图 5-19 加注新机油

⑨检查油底壳内的机油液面高度，如图 5-20 所示，应符合规定的高度。

图 5-20 检查油底壳内的机油液面高度

3. 整理工具，操作完毕

整理好所使用工具，操作完毕。

润滑系统主要部件的构造与检修

一、润滑系统主要部件

1. 机油泵

1）机油泵的作用

　　机油泵是发动机润滑系统中机油循环的动力源，机油泵安装在发动机缸体下部，旋转时将油底壳的机油加压排向润滑油路，经机油滤清器过滤后进入所需润滑部件的表面。如果机油泵性能下降，油压降低，将严重影响发动机的正常工作：

　　①影响需要润滑零部件正常工作，加速磨损，如涡轮增压器等重要部件。

　　②对于现在广泛采用液压挺柱的发动机，会造成气门响声。

　　③发动机可变气门正时技术依靠机油压力作为控制动力源，如果油压不正常，会影响可变气门正时的工作。

2）机油泵的分类

　　发动机机油泵属于液压泵的一种，实际上在汽车上还有很多液压泵，如液力助力转向的助力泵、自动变速器中的油泵，而工程机械采用液压传动控制的装置中，产生动力源的液压泵是必不可少的。常见的液压泵有外啮合齿轮泵、内啮合齿轮泵、转子泵和叶片泵。就汽车润滑系统的机油泵来说，常用的是外啮合齿轮泵、内啮合齿轮泵和转子式齿轮泵，如图 5-21 所示。

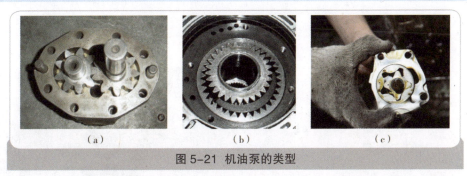

图 5-21　机油泵的类型

（a）外啮合齿轮泵；（b）内啮合齿轮泵；（c）转子式齿轮泵

（1）外啮合机油泵结构原理。

　　外啮合齿轮泵如图 5-22 所示，由两个相同的齿轮及泵壳组成；形成两个腔：吸油腔和压油腔；主动齿轮由凸轮轴或曲轴驱动旋转，在吸油腔内，主动齿轮和从动齿轮逐渐脱离啮合，吸油腔容积增大，机油被吸入吸油腔，并由齿轮与泵壳的齿隙带入压油腔，在压油腔内，主动和从动齿轮逐渐进入啮合，压油腔容积减小，机油被排向润滑油道。

机油泵的实际供油量比润滑系统每循环油量大 2～3 倍，多余的机油经限压阀流回油底壳。

所以，机油泵的泵油压力取决于发动机的转速、齿轮与泵壳的间隙及限压阀的设定。实际维修中，随着油泵齿轮与壳体之间配合间隙的增大，泄油增大，油泵的泵油压力降低。在实际检修中常更换机油泵。

实质所有的机油泵结构内部均分为吸油腔和压油腔，在吸油腔内容积增大，机油被吸入，而在压油腔内容积减小，机油被排出。

图 5-22 外啮合机油泵工作原理图

（2）内啮合机油泵结构原理。

当发动机工作时，小齿轮随驱动轴一起转动并带动内齿圈以相同的方向旋转。内外齿轮在转到进油口处时开始逐渐脱离啮合，并沿旋转方向两者形成的空间逐渐增大，产生一定的真空度，将机油从进油口吸入。随着齿轮的继续旋转，月牙形隔板将内、外齿轮隔开，齿轮旋转时把齿间所存的机油带往出油口。在靠近出油口处，内、外齿轮间的容腔逐渐减小，油压升高，机油从机油泵的出油口送往发动机油道中，内、外齿轮又重新啮合，如图 5-23 所示。

（3）转子式机油泵结构原理。

转子式机油泵由壳体、内转子、外转子和泵盖等组成。内转子用键或销子固定在转子轴上，由曲轴齿轮直接或间接驱动，内转子和外转子中心不同心而存在偏心距，内转子带动外转子一起沿同一方向转动。内转子有 4 个凸齿，外转子有 5 个凹齿，这样内、外转子同向不同步地旋转，如图 5-24 所示。

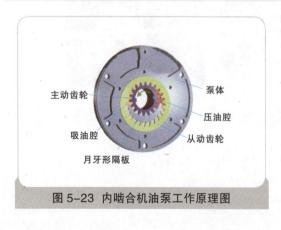

图 5-23 内啮合机油泵工作原理图

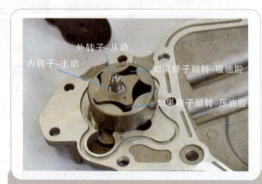

图 5-24 转子式机油泵结构

　　转子齿形齿廓设计得使转子转到任何角度时，内、外转子每个齿的齿形廓线上总能互相成点接触。这样内、外转子间形成 4 个工作腔，随着转子的转动，这 4 个工作腔的容积是不断变化的。在进油道的一侧空腔，由于转子脱开啮合，容积逐渐增大，产生真空，机油被吸入，转子继续旋转，机油被带到出油道的一侧，这时，转子正好进入啮合，使这一空腔容积减小，油压升高，机油从齿间挤出并经出油道压送出去。这样，随着转子的不断旋转，机油就不断地被吸入和压出，如图 5-25 所示。

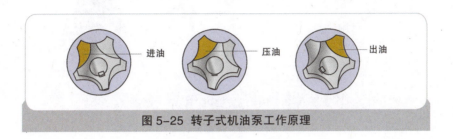

进油　　压油　　出油

图 5-25　转子式机油泵工作原理

　　转子式机油泵结构紧凑，外形尺寸小，重量轻，吸油真空度较大，泵油量大，供油均匀性好，成本低，在中、小型发动机上应用广泛。

3）机油泵驱动方式

　　内啮合齿轮泵一般安装在缸体前端，主动齿轮套在曲轴前端，由曲轴直接驱动，如 462 发动机；外啮合齿轮泵和转子式齿轮泵由凸轮轴通过螺旋齿轮驱动或由曲轴通过链条驱动。

2. 机油滤清器

1）作用

　　机油滤清器的作用是滤除机油中的金属磨屑、机械杂质和机油氧化物，保持机油的清洁。

2）分类

　　按过滤能力分有集滤器、粗滤器和细滤器三种，如图 5-26 所示。

（1）集滤器。

　　其作用是防止粒度大的杂质进入机油泵。装在机油泵进油孔之前，一般都是金属滤网式的，有浮式和固定式两种。

（2）粗滤器。

　　滤除机油中粒度较大（直径为 0.05 mm 以上）的杂质。它对机油的流动阻力较小，串联于机油泵与主油道之间，即属于全流式滤清器。

（3）细滤器。

用来滤除粒径为 0.001 mm 以上的细小杂质，它对机油的流动阻力较大，多与主油道并联，即属于分流式滤清器。

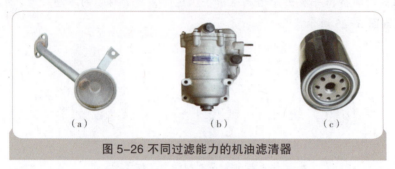

图 5-26　不同过滤能力的机油滤清器

（a）集滤器；（b）粗滤器；（c）细滤器

按滤清方式分有过滤式和离心式两种，过滤式按滤芯材料分有金属式和纸质式，如图 5-27 所示。

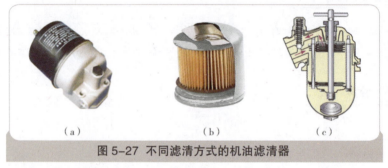

图 5-27　不同滤清方式的机油滤清器

（a）离心式机油滤清器；（b）纸质滤清器；（c）金属片缝隙滤清器

按与油道连接方式分有全流式和分流式，如图 5-28 所示。

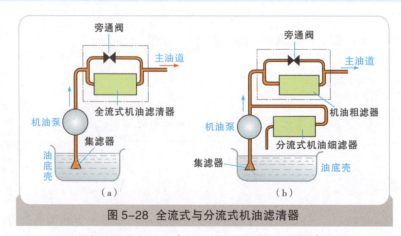

图 5-28　全流式与分流式机油滤清器

（a）全流式机油滤清器；（b）分流式机油滤清器

（1）全流式机油滤清器。

串联于机油泵和主油道之间，因此全部机油都经过它滤清 [图 5-28（a）]。目前在轿车上普遍采用全流式机油滤清器。

（2）分流式机油滤清器。

与主油道并联，经过粗滤器的机油进入主油道，而流过细滤器的机油直接返回油底壳。

3. 机油冷却器

机油冷却器如图 5-29 所示，是一种加速润滑机油散热使其保持较低温度的装置。在高性能、大功率的强化发动机上，由于热负荷大，必须装设机油冷却器。机油冷却器布置在润滑油路中，其工作原理与散热器相同。机油冷却器分风冷和水冷两种。

1）风冷式机油冷却器

风冷式机油冷却器（图 5-30）的芯子由许多冷却管和冷却板组成，在汽车行驶时，利用汽车迎面风冷却热的机油冷却器芯子。风冷式机油冷却器要求周围通风好，在普通轿车上很难保证有足够的通风空间，一般很少采用。在赛车上多半采用这种冷却器，因为赛车速度高，冷却风量大。

图 5-29 机油冷却器

图 5-30 风冷式机油冷却器

2）水冷式机油冷却器

水冷式机油冷却器（图 5-31）置于冷却水路中，利用冷却水的温度来控制润滑油的温度。当润滑油温度高时靠冷却水降温，发动机起动时，则从冷却水吸收热量使润滑油迅速提高温度。机油冷却器由铝合金铸成的壳体、前盖、后盖和铜芯组组成。为了加强冷却，管外又套装了散热片。冷却水在管外流动，润滑油在管内流动，两者进行热量交换。也有使油在管外流动，而水在管内流动的结构。

图 5-31 水冷式机油冷却器

4.限压阀

限压阀也称为溢流阀,它的作用是在机油压力过高时泄压,以维持主油道内的正常油压(150~600 kPa)。机油限压阀是一个球阀(或柱塞)并用弹簧锁紧,主油压超过规定时,球阀即克服弹簧压力而被顶开,一部分机油流回泵内进行小循环而起到卸压作用。限压阀一般装在机油泵上,以便和机油泵一块在试验台上检验调整机油泵的出油量和出油的压力,但也有一部分发动机将限压阀安装在气缸体主油道上或粗滤器的总成座上。限压阀弹簧的预紧力是在出厂时进行过校正的,在使用中一般不要因机油压力过低而随意改变限压弹簧的张力,因为这种油压的降低不是弹簧张力所造成的。在一般情况下,机油泵泵出的油量大于用油量几倍(高速时),工作时限压阀一直处于脉动式的溢油状态,多数润滑油在机油泵内进行小循环或流回油底壳。

5.机油标尺

机油标尺用来检查油底壳中的机油的存量。它是一根插在气缸体油平面检查孔内的扁平杆(图5-32)。标尺的一端刻有刻线,在发动机停止工作,全部机油都流回油底壳时,先拔出机油标尺,擦干净后重新插入曲轴箱内,第二次拔出机油标尺,察看机油的油迹,油面高度应在油标尺的上、下限刻度之间。

机油标尺

图5-32 机油标尺

6.曲轴箱通风装置

曲轴箱通风装置的作用是及时地将进入曲轴箱内的混合气和废气抽出,同时使新鲜空气进入曲轴箱,形成不断的对流。曲轴箱的通风方式一般有两种:一种是自然通风,另一种是强制通风。

自然通风就是从曲轴箱抽出的气体直接导入大气的通风方式。柴油机多采用这种通风方式。

强制通风就是从曲轴箱抽出的气体导入发动机的进气管,吸入气缸再燃烧的通风方式。强制式曲轴箱通风系统又称PCV系统,汽油机一般都采用这种通风方式。

二、主要部件的检修

1.机油泵的检修

1)齿轮式机油泵的检修

①直观检查泵体与泵盖,若有裂纹应进行焊修或更换新件。

②检查主、从动齿啮合间隙(图5-33),可用塞尺在互成120°处分三点测量,啮合间隙一般为0.05~0.25 mm,各点测量误差不应超过0.1 mm,不符合规定应成对更换齿轮。

③检查齿轮与泵体的间隙(即齿顶间隙),用塞尺测量(图5-34),如间隙超过0.3 mm应换新件。

图 5-33 测主、从动齿啮合间隙

图 5-34 齿轮与泵体的间隙

④检查齿轮与泵盖之间的端面间隙。将钢尺直边紧靠在带齿轮的泵体端面上，将塞尺插入缝隙进行测量（图 5-35），一般为 0.05～0.25 mm，如间隙不符合要求，可增减垫片或磨削泵壳与盖结合面。

⑤将机油泵装复后，用手转动机油泵传动齿轮轴，应转动自如、无卡滞现象；给机油泵注满干净的润滑油，堵住出油口，用手转动机油泵主动轴时，应有油压的明显感觉。

⑥将机油泵装到车上后，通过机油压力表再检查一次机油压力。当发动机温度正常时，发动机怠速和高速机油压力应符合规定。如油压不符合标准，则应对限压阀进行调整，在限压阀弹簧一端增加或减少垫片，以改变弹簧的张力使油压达到规定值。

图 5-35 测齿轮与泵盖之间的端面间隙

2）转子式机油泵的检修

①检查内外转子的齿顶间隙。用塞尺测量驱动和从动转子齿顶间隙（图 5-36）。如果超过极限值，则应更换整套转子。

②检查外转子与泵体之间的间隙。用塞尺测量从动转子和壳体的间隙（图 5-37）。如超过极限值，则应更换整套转子，必要时换油泵组件。

③检查端面间隙。用塞尺和精密的平尺测量转子和端盖之间的间隙（图 5-38）。如超过极限值，则应更换整套转子，必要时应更换油泵组件。

④装复机油泵。安装转子时注意：内外转子标记应对齐，并使安装记号朝向泵体，如图 5-39所示。

图 5-36 检测内外转子的齿顶间隙

图 5-37 检测外转子与泵体之间的间隙

图 5-38 检测端面间隙

图 5-39 装机油泵时标记对齐朝上

2. 机油散热器与机油冷却器的检修

1）机油散热器的检修

机油散热器常见的故障是管道阻塞不通，管道破裂，散热片重叠变形，限压阀调整不当等。机油散热器拆下后，用煤油灌入散热管道进行清理，并用压缩空气吹通。散热管如有损坏，可参照冷却系统散热器修理方法进行。散热片重叠变形应予以拨正，并用压缩空气吹净片间积垢。

2）机油冷却器的检修

①清洗。拆下冷却器，将冷却器置于 10 % ～ 15 % 氢氧化钠水溶液内，加热，浸煮 0.5 h 左右，取出冷却器用清水冲洗出水箱内的水垢。水管内的水垢严重时也可拆去上、下水室后，用通条逐个捅除水管内的水垢，然后再焊好上、下水室。

②修理。冷却器表面有裂纹可用锡焊焊补。冷却器个别水管有裂纹不便焊补时，可拆下上、下水室，焊堵漏水水管的两端。冷却器水管也可采用接管法、换管法、拼修法进行修理。

三、主要部件的拆装与更换

1. 拆装与更换部分

步骤 1

在机油滤清器的安装部位上，有一个橡胶油封环。为了防止橡胶油封环黏附污物，在新机油滤清器上，都有一个塑料薄膜盖，如图 5-40 所示。

步骤 2

把机油滤清器上的塑料薄膜盖拆下来，如果橡胶油封环已经干了，应该薄薄地涂上一层机油，如图 5-41 所示。

图 5-40　带有塑料薄膜盖的机油滤清器

图 5-41　在机油滤清器上涂抹一层机油

步骤 3

将机油滤清器扳钳覆盖在机油滤清器的头部上,一旋转,就能把机油滤清器拆下来,如图 5-42 所示。

步骤 4

用机油滤清器扳钳把机油滤清器拆下来,为了防止机油溢洒,应该将其开口朝上取出来,如图 5-43 所示。

图 5-42　拆下机油滤清器

图 5-43　将机油滤清器朝上取出

步骤 5

把新机油滤清器安装到发动机上,安装时,用手把新机油滤清器拧进去,最后再用手使劲地拧一次,如图 5-44 所示。

更换周期:一般汽车每行驶 5 000 km,应该更换一次机油,每次更换机油时,应该更换一次机油滤清器(与机油一起更换)。

图 5-44　安装新的机油滤清器

2.机油泵的拆装

1）拆卸

步骤 1

断开点火线圈总成连接器，拆下 4 个螺栓和 4 个点火线圈总成，如图 5-45 所示。

步骤 2

松开 8 个螺栓和 2 个螺母并取下气缸盖罩分总成，如图 5-46 所示。

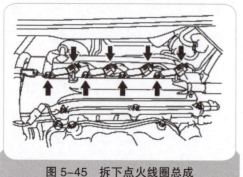

图 5-45 拆下点火线圈总成

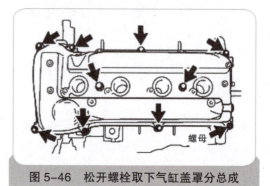

图 5-46 松开螺栓取下气缸盖罩分总成

步骤 3

从气缸盖罩分总成上拆下气缸盖罩垫片，如图 5-47 所示。

步骤 4

松开 2 个螺栓，拆下惰轮支架，如图 5-48 所示。

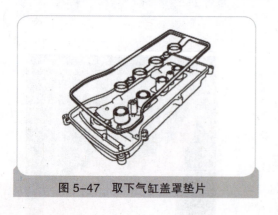

图 5-47 取下气缸盖罩垫片

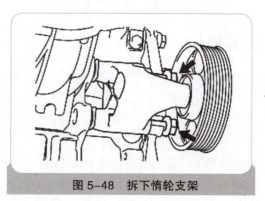

图 5-48 拆下惰轮支架

步骤 5

松开 12 个螺栓和 2 个螺母，取下油底壳分总成，如图 5-49 所示。

步骤 6

将 1 号气缸设定至 TDC（压缩上止点），如图 5-50 所示，检查并确认凸轮轴正时齿轮和链轮的各正时标记与 1 号和 2 号轴承盖上的朝前标记对准。如果没有对准，则转动曲轴皮带轮 1 周（360°），以对准图中的正时标记。

图 5-49　取下油底壳分总成

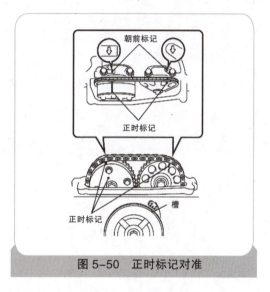

图 5-50　正时标记对准

步骤 7

用 SST 和皮带轮螺栓，拆下曲轴皮带轮，如图 5-51 所示。

步骤 8

拆下 2 个螺母，取下 1 号链条张紧器总成和垫片，如图 5-52 所示。
注意不要转动不带 1 号链条张紧器总成的曲轴。

步骤 9

拆下螺栓、螺母和带 V 形加强筋的皮带张紧轮总成，如图 5-53 所示。

步骤 10

拆下曲轴位置传感器，如图 5-54 所示。

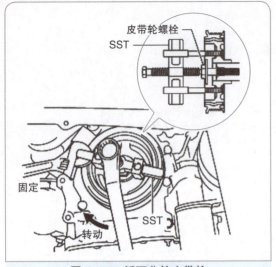

图 5-51 拆下曲轮皮带轮

图 5-52 拆下螺母

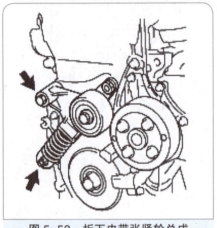

图 5-53 拆下皮带张紧轮总成

图 5-54 拆下曲轴位置传感器

步骤 11

用套筒工具松开正时链条盖分总成固定螺栓，如图 5-55 所示。

步骤 12

用螺丝刀撬动正时链条盖、气缸盖和气缸体之间的部位，拆下正时链条盖，如图 5-56 所示。
小心不要损坏正时链条盖、气缸盖或气缸体的接触面。
在使用螺丝刀前，用胶带缠住刀头。

步骤 13

拆下 1 号曲轴位置传感器齿板，如图 5-57 所示。

步骤 14

拆下螺栓和正时链条导向器，如图 5-58 所示。

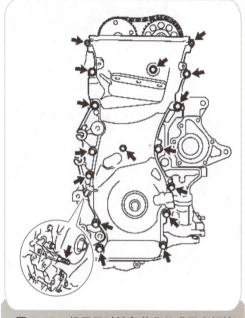

图 5-55 松开正时链条盖分总成固定螺栓

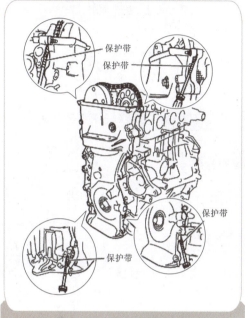

图 5-56 拆下正时链条盖

图 5-57 拆下 1 号曲轴位置传感器齿板

图 5-58 拆下正时链条导向器

步骤 15

拆下螺栓和链条张紧器滑块，如图 5-59 所示。

步骤 16

拆下 2 个螺栓和 1 号链条减震器，如图 5-60 所示。

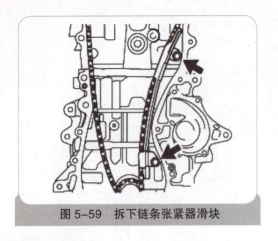

图 5-59 拆下链条张紧器滑块

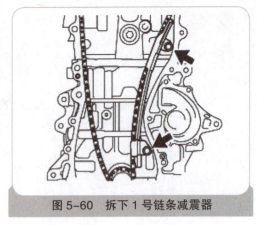

图 5-60 拆下 1 号链条减震器

步骤 17

拆下链条分总成，如图 5-61 所示。

步骤 18

从曲轴上拆下曲轴正时链轮，如图 5-62 所示。

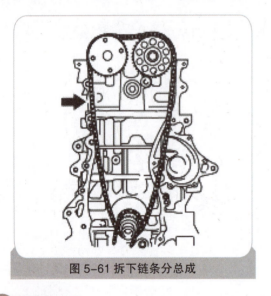

图 5-61 拆下链条分总成

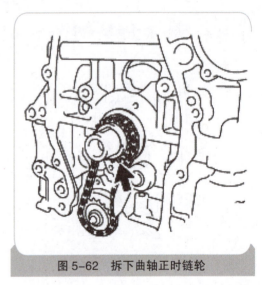

图 5-62 拆下曲轴正时链轮

步骤 19

按逆时针方向转动曲轴90°，使机油泵驱动轴链轮的调节孔与机油泵槽对准，如图5-63 所示。

步骤 20

将直径为 4 mm 的棒条插入机油泵驱动轴齿轮的调节孔内以锁止齿轮，然后拆下螺母，如图 5-64 所示。

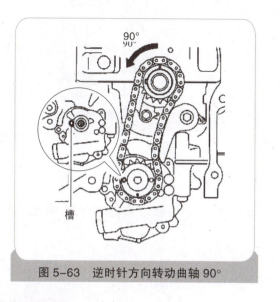

图 5-63 逆时针方向转动曲轴 90°

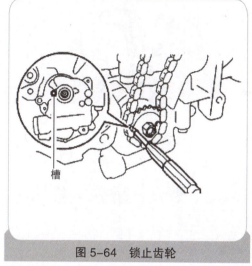

图 5-64 锁止齿轮

步骤 21

拆下螺栓、链条张紧器板和链条缓冲弹簧。取下机油泵主动齿轮、驱动齿轮和 2 号链条分总成，如图 5-65 所示。

步骤 22

拆下 3 个螺栓，取下机油泵总成和垫片，如图 5-66 所示。

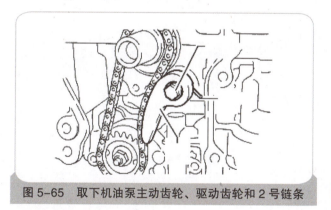

图 5-65 取下机油泵主动齿轮、驱动齿轮和 2 号链条

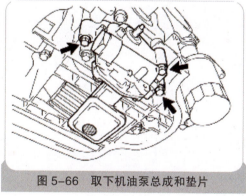

图 5-66 取下机油泵总成和垫片

步骤 23

拧松固定螺母，取下机油泵滤网和垫片，如图 5-67 所示。

步骤 24

使用 27 mm 套筒扳手，拆下机油泵减压阀塞。取下机油泵减压阀弹簧和机油泵减压阀，如图 5-68 所示。

图 5-67 拧松固定螺母

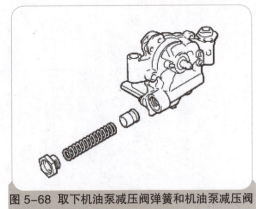

图 5-68 取下机油泵减压阀弹簧和机油泵减压阀

步骤 25

松开机油泵罩固定螺栓，从机油泵体上拆下驱动转子和从动转子，如图 5-69 所示。

2）安装

按拆卸过程的相反顺序安装。

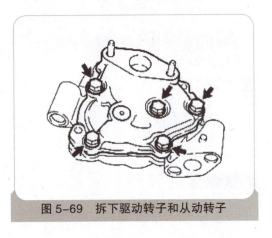

图 5-69 拆下驱动转子和从动转子

任务三　润滑系统故障诊断与排除

一、润滑系统常见故障与诊断

由于润滑油在发动机内高温高压的恶劣条件下工作，其品质和数量一段时间后都会发生变化。若不及时地保养，极易产生故障。润滑系统的故障一般表现为机油变质、机油消耗异常、机油压力过高、机油压力过低、机油泄漏几种现象。

1. 机油压力突然过低

1）故障现象

汽车在运行中，仪表盘上的机油压力警告灯亮，机油压力表指示为"0"，机油压力表如图5-70所示。

图5-70　机油压力表

2）故障原因

①油底壳撞击异物而破裂使机油漏完。

②机油泵齿轮轴键折断或脱落。

③油路、油管破裂或脱开。

④传感器仪表故障。

⑤机油量过少，机油泵吸入大量空气。

3）诊断与排除

立即停车熄火，检查机油油面是否过低。若过低应按规定补充机油，然后再起动，观察警告灯是否熄灭或是否有机油压力或压力是否上升。若有压力，应按机油压力过低故障进行排除。但刚起动的短时间内有时怠速运转也会出现警告灯亮的情形，若稍加速后灯便熄灭，则属正常现象。

若还是无压力又不缺机油，应拆开气门室盖，起动发动机，若有机油飞溅则是传感器或仪表故障，可继续行驶，进厂检查。若无机油飞溅，则不可行驶，必须检查机油泵和油路系统，排除故障后方可行驶。

2. 机油压力高

1）故障现象

检查机油压力超过 0.4 MPa；机油警报灯闪亮且蜂鸣器响。

2）故障原因

机油质量问题：机油黏度过大。

机械故障问题：限压阀调整不当；缸体或缸盖油道堵塞；机油压力传感器失准；机油滤清器堵塞；旁通阀打不开。

3）诊断与排除

①机油等级不符合时更换机油。
②更换机油压力开关。
③更换机油限压阀。
④滤清器旁通阀堵塞的应该更换。

3. 机油消耗超标

1）故障现象

发动机功率下降，排气管冒蓝烟。

2）故障原因

发动机机油消耗超标，一般为密封或衬垫失效的渗漏和气缸磨损过甚所引起，如图 5-71 所示。

图 5-71 机油渗漏

①活塞、活塞环与气缸壁严重磨损而使配合间隙过大。

②活塞或气缸拉伤。

③活塞环（特别是油环）弹性差。

④活塞环与环槽的边隙、侧隙过大。

⑤活塞环被积炭卡死或对口。

⑥扭曲环装反。

⑦气门杆与导管配合间隙过大或油封失效。

⑧各密封垫破损、变形、腐烂、老化造成密封不良而漏油。

3）诊断与排除

起动发动机预热至正常工作温度。

①怠速运转 5 min，拆检各缸火花塞。若某个缸火花塞中心电极上沾有油污（机油），则该气缸串油。

②无负荷高速运转发动机，若出现发动机排气管冒蓝烟，而加机油口不冒蓝烟，则为气门导管有渗油现象。

③发动机高速运转，若发动机排气管冒蓝烟，加机油口也脉动冒烟，则为活塞环配合间隙过大。

④用气缸压力表检测气缸压力以确定气缸是否密封良好。诊断流程框图如图 5-72 所示。

4. 机油压力低

1）故障现象

仪表盘上机油压力警报灯闪烁；机油警报蜂鸣。

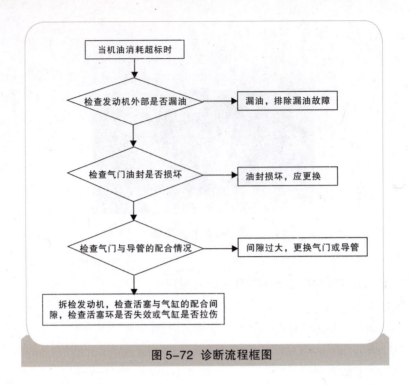

图 5-72 诊断流程框图

2）故障原因

①机油油面过低。

②机油压力传感装置故障。

③机油泵损坏或内部零件磨损。

④机油黏度低或被稀释。

⑤机油泵限压阀失效或弹簧过软。

⑥发动机曲轴、连杆、凸轮轴等轴承间隙过大。

⑦机油集滤器网被胶状物糊住；机油泵内形成空气间隙，失去泵油功能等。

3）诊断与排除

添加机油；机油压力开关损坏的应更换；更换机油泵磨损零件；修理发动机壳体泄漏部位。

5. 机油变质

1）故障现象

①机油颜色不透明，发黑，用手指捻搓，失去油黏性感，有杂质感，如图 5-73 所示。

②机油含水分，机油乳化，乳浊状并有泡沫。

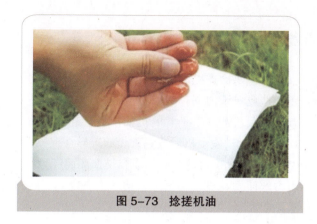

图 5-73 捻搓机油

2）故障原因

①机油使用时间太长，机油因持续在高温和氧化作用下形成氧化聚合物，致使机油逐渐老化变质。

②活塞环漏气。

③发动机缸体或缸垫漏水，机油变质。

④曲轴箱通风不良，机油中混杂废气中的燃油，促使机油变质。

⑤润滑油路堵塞，机油滤清器过脏、堵塞，失去滤清作用。

3）诊断及排除

①用机油标尺取几滴机油滴在中性纸上，若发黑则说明机油变质。

②用手捻搓，有滑腻感，而失去油性感和黏性感，说明内混有燃油。

③若取出的机油为乳浊状且有泡沫，说明机油中进水，如图 5-74 所示。

图 5-74 进水后的机油

④机油过脏，更换机油及机油滤清器。

⑤若活塞漏气严重，应拆检活塞、活塞环。

⑥若曲轴箱通风不良，应疏通曲轴箱通气孔。

⑦若机体有裂纹渗漏，造成冷却水渗漏入油底壳，应修复或更换气缸体。

⑧若润滑油路堵塞，应及时清洗疏通油道。

二、润滑系统维护

一是养成良好的驾驶习惯，定期检查机油液面，液面过高不仅会增加发动机运转时的阻力，造成不必要的功率损失，还会造成机油泄漏；液面过低，会因润滑不良而损坏发动机，因此发动机油面过低应检查发动机有无泄漏机油和不正常的机油消耗；起动发动机前打开点火开关，机油平面指示灯和机油压力指示灯亮，起动发动机后应熄灭。如有异常现象必须停车检查。

二是使用适当黏度的机油，机油黏度过低，则油膜容易损坏而产生零件卡住现象；黏度过高，则将产生零件移动的附加阻力致使发动机起动困难，功率损失增加。因此更换机油时，尽可能参阅驾驶员手册上厂商建议使用的黏度。

1）根据气候选用机油

环境温度较低时，选用黏度较小的机油，便于发动机起动。环境温度较高时，选用黏度较高的机油，便于运动保持油膜。

2）根据车况选用机油

车况较好的发动机，配合间隙较小，可选用黏度较小的机油；车况较差的发动机，配合间隙较大，可选用黏度较大的机油。

3）使用专用机油

由于柴油机有较高的燃烧压力，加上柴油含硫燃烧后产生亚硫酸稀释机油，因此柴油机应选用能中和亚硫酸的柴油机专用机油。

4）合理使用汽车发动机养护品

增强发动机的润滑性能，避免发动机磨损，以养代修。定期更换发动机油，选用优质的发动机保养产品进行养护，定期清洗发动机润滑系统内部的油泥、胶质及积炭，保持润滑系统清洁，使用发动机保护类产品进行有效的提升各部件润滑性能、减少磨损，提升部件使用寿命。对于汽车发动机润滑系统，只要能做好定期维护工作，不仅可以延长发动机的使用寿命，还可以减少不必要的经济损失。

5）清洗油道油污

清洗的方法是：待废机油放净后，向发动机油底壳内注入稀机油或经过滤清的优质柴油，其数量相当于油底壳标准油面容量的 60 % ~ 70 %，然后使发动机怠速运转 2 ~ 3 min，再将洗涤油放净。

一、填空题

1. 发动机润滑系统具有 _____、_____、_____、_____ 和防锈五大作用。

2. 发动机的润滑方式有 _____、_____ 和 _____ 润滑等三种。

3. 发动机润滑系统一般由 _____、_____ 和 _____ 装置等三部分组成。

4. 汽车发动机用的机油泵一般有 _____ 式和 _____ 式两种。

5. 发动机用机油滤清器有 _____、_____ 和 _____ 等三种。

6. 发动机用机油散热器可分为 _____ 式和 _____ 式两种类型。

7. 发动机润滑系统的故障主要包括 _____、_____ 和 _____ 等三个方面。

8. 润滑系统的维护主要包括 _____、_____ 和 _____ 维护。

二、选择题

1. 活塞通常采用的润滑方式是（　　）。

　　A. 压力润滑　　　　　　B. 飞溅润滑

　　C. 两种润滑方式都有　　D. 润滑方式不确定

2. （　　）不是发动机润滑系统的作用。

　　A. 清洗　　　B. 密封　　　C. 防锈　　　D. 加热

3. 机油粗滤器上装有旁通阀，当滤芯堵塞时，旁通阀打开使机油（　　）。

　　A. 不经过滤芯，直接流回油底壳　　B. 直接流入细滤器

　　C. 直接进入主油道　　　　　　　　D. 流回机油泵

4. 转子式机油泵工作时（　　）。

　　A. 外转子的转速高于内转子的转速　　B. 外转子的转速低于内转子的转速

　　C. 外转子的转速等于内转子的转速　　D. 内、外转子的转速不确定

三、判断题

1. 机油泵限压阀的作用是限制润滑系统的最高油压。　　　　　　　　　　　（　　）

2. 机油油量不足或机油黏度过低会造成机油压力高。　　　　　　　　　　　（　　）

3. 发动机润滑系统主油道中的压力越高越好。　　　　　　　　　　　　　　（　　）

4. 润滑系统主油道中压力越高越好。　　　　　　　　　　　　　　　　　　（　　）

5. 更换发动机机油时，应同时更换或清洗机油滤清器。　　　　　　　　　　（　　）

四、问答题

1. 润滑系统由哪几部分组成？为什么在发动机中要设置润滑系统？

2. 简述润滑系统的作用。

3. 如何检查和更换发动机机油？

课题六
发动机燃油供给系统

 学习任务

1. 掌握发动机燃油供给系统的组成及功用。
2. 掌握发动机燃油供给系统的工作原理。
3. 掌握各传感器的工作原理。
4. 掌握发动机燃油供给系统的检测维修方法。

 技能要求

1. 能够对发动机燃油供给系统零件进行检测、修理或更换。
2. 能够对发动机燃油供给系统进行拆装。
3. 能够对发动机燃油供给系统常见故障进行分析、判断，并排除。

任务一 **汽油机燃油供给系统概述**

一、燃油供给系统的功用与组成

汽油机燃油供给系统的任务是根据发动机各种不同工况的要求，配制出一定数量和浓度的可燃混合气，供入气缸，使之在临近压缩终了时点火燃烧而膨胀做功。最后，供给系统还应将燃烧产物——废气排入大气中，如图6-1所示。

燃油供给系统组成：油箱、油管、燃油泵、燃油滤清器、空气滤清器、燃油压力调节器、喷油器、油压脉冲衰减器、进气管、排气管等。

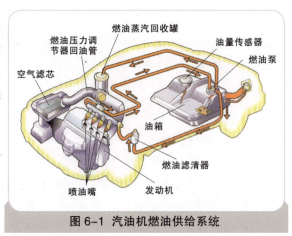

图 6-1 汽油机燃油供给系统

二、汽油发动机电控燃油喷射系统介绍

1. 汽油发动机电控燃油喷射系统的发展历史

汽油喷射技术早在20世纪30年代就用于军用飞机上，1954年德国奔驰公司在奔驰300SL上装了机械式汽油喷射系统（K型），到20世纪50年代末期，大多数赛车都已经采用了汽油喷射系统作为燃油输送系统。

20世纪60年代，德国博世公司在K型汽油喷射系统的基础上，发展了机电组合式汽油喷射系统（KE型）。1967年，博世公司又推出D型模拟式汽油喷射系统，1973年，博世公司将D型喷射系统改进发展成为L型汽油喷射系统，该系统采用了测量空气流量的方法控制喷油量，提高了控制精度。

1979年，博世公司推出了集点火与喷油于一体的Motronic数字式发动机综合电子控制系统，实现了对发动机喷油及点火正时的精确控制。1981年，博世公司将L型喷射系统改进成为LH型喷射系统。在这期间美国GM公司的DEFI、FORD公司的EEC，丰田公司的TCCS纷纷出场，这些都是综合控制的电子系统。1995年，美国在轿车上全部采用了电控汽油喷射系统，90%以上的欧洲轿车采用了汽油喷射系统。

目前，汽车工业发达的国家在汽油车上均采用汽油喷射系统，以满足日益严格的排放要求。

2. 汽油发动机电控燃油喷射系统的优点

汽油发动机电控燃油喷射系统（EFI 系统）利用安装在发动机不同部位上的各种传感器所测得的工作情况参数和使用条件参数，按电子控制单元中设定的控制程序，通过对喷油器通电时间的控制来调节喷油量，从而改变混合气的浓度，使发动机在各种工况和使用条件下都能获得与之相匹配的最佳空燃比。汽油发动机电控燃油喷射系统的发动机由于精确地控制了混合气的浓度，与化油器式发动机相比有如下优点：

⫷⫷ 1）进气效率高

由于进气管中没有像化油器中的喉管，减少了进气阻力、提高了充气系数，因此，在不增加发动机排量的条件下，功率可提高 10% 以上。

⫷⫷ 2）混合气分配均匀

在多点喷射系统中，每个气缸分别有一个喷油器在进气门前喷油，其喷油量由电子控制单元（ECU）根据来自各种传感器的信息精确控制，使各缸获得均匀一致的混合气。

⫷⫷ 3）实现了对发动机空燃比及点火提前角的精确控制

通过 ECU 对发动机空燃比及点火提前角进行精确控制，可使发动机在各种工况下都处于最佳状态。

⫷⫷ 4）减少废气排放的污染

采用燃油喷射，可提高汽油的雾化质量，加快了汽油的蒸发，使燃烧更完全，降低了燃油消耗，减少了废气排放污染。

⫷⫷ 5）可采用较高的压缩比

由于电控燃油喷射系统进气温度较低，燃烧时不易产生爆燃，故可适当提高压缩比。

3. 汽油发动机电控燃油喷射系统的分类

⫷⫷ 1）按喷射装置的控制方式分类

汽油发动机电控燃油喷射系统按喷射装置的控制方式可分为机械控制式、机电混合控制式和电子控制式三种方式。

（1）机械控制式。

机械控制式燃油喷射系统又称 K 系统，其特点是喷油器由供油管路中的油压控制，而供油管路中的油压由进气管中空气计量器承压板的机械作用来控制。该系统采用连续喷油的方式，其喷油量的多少取决于供油管路中油压的高低。

（2）机电混合控制式。

机电混合控制式燃油喷射系统又称 KE 系统，为了提高对喷油量控制的精确度和灵活性，在 K 型的基础上增设了一个电控单元。该系统仍然采用连续喷油的方式，其喷油量的多少仍取决于供油管路中油压的高低。

（3）电子控制式。

电子控制式燃油喷射系统又称 EFI 系统，其特点是采用间歇喷油的方式，喷油器靠电磁驱动，喷油量的多少取决于喷油器的通电时间长短，而喷油器的通电时间完全由电子控制单元 ECU 控制。

2）按喷油器的安装部位分类

汽油发动机电控燃油喷射系统按喷油器的安装部位可分为缸内喷射和进气管喷射两种，如图 6-2 所示。

（1）缸内喷射。

该系统将喷油器直接安装在气缸盖上，汽油直接喷入气缸。与柴油发动机的喷油器类似，这种喷射压力较高，所以对供油装置要求也比较高，成本相应也比较高。

（2）进气管喷射。

该系统将喷油器安装在进气总管或进气歧管上，是目前采用较广泛的方式。汽油被喷入进气总管或进气歧管内，在进气总管或进气歧管内与空气混合形成可燃混合气，在进气行程时被吸入气缸。

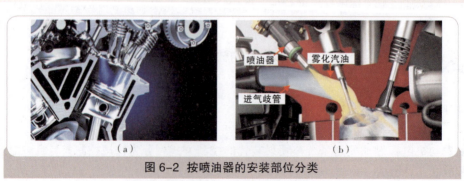

喷油器　雾化汽油

进气歧管

（a）　　　　　　　　　　　（b）

图 6-2　按喷油器的安装部位分类

（a）缸内喷射；（b）进气管喷射

3）按喷油器的布置方式分类

汽油发动机电控燃油喷射系统按喷油器的布置方式可分为单点喷射和多点喷射两种方式，如图6-3所示。

（1）单点喷射（SPI）。

单点喷射是指在进气道节气门的上方安装1~2个喷油器集中喷射。单点喷射又称节气门体喷射，这种喷射也存在各缸混合气分配浓稀不均的问题。

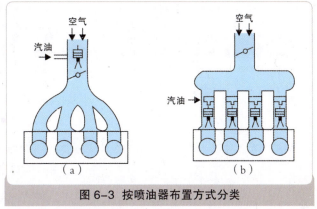

图6-3 按喷油器布置方式分类

（a）单点喷射；（b）多点喷射

（2）多点喷射（MPI）。

多点喷射是指每一个气缸设置一个喷油器或每两个气缸合用一个喷油器，这种系统可以保证各缸混合气浓度的一致性和分配的均匀性。

4）按喷油器工作的时间分类

汽油发动机电控燃油喷射系统按喷油器工作的时间可分为连续喷射和间歇喷射两种方式。

（1）连续喷射。

喷油器在发动机工作时连续不断地喷油，大部分汽油是在进气门关闭时喷射的，喷入的汽油大部分在进气管内蒸发，进气门打开时被吸入气缸，机械控制式和机电混合控制式汽油喷射装置都采用连续喷射方式。

（2）间歇喷射。

间歇喷射又称脉冲喷射，其喷油压力是恒定的，汽油喷射以脉冲方式进行，汽油在某一时间段内喷入进气管，喷油时间的长短直接控制了喷油量的多少。电控燃油喷射系统都采用间歇喷射方式。

间歇喷射方式按各缸喷油器工作顺序的不同，又可分为同时喷射、分组喷射和顺序喷射三种，如图6-4所示。

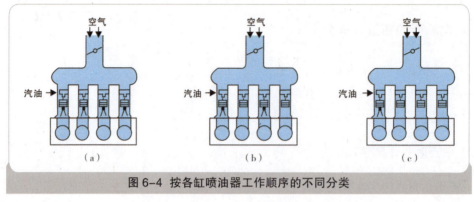

图6-4 按各缸喷油器工作顺序的不同分类

（a）同时喷射；（b）分组喷射；（c）顺序喷射

①同时喷射。发动机曲轴每旋转一周，所有气缸的喷油器同时喷油一次，发动机一个工作循环喷油两次。由于所有气缸的喷油都是同时进行的，因此喷油正时与发动机的工作过程没有关系，也不需要进行气缸和活塞位置的判断。

②分组喷射。把发动机喷油器分成几组，同一组的同时喷射，由电子控制单元控制，组与组之间以均匀的曲轴转角间隔依次喷油。分组喷射方式与同时喷射方式相比，在各缸混合气质量和浓度的控制精确度上有较大的提高。

③顺序喷射。顺序喷射方式也称独立喷射方式，喷油器按各缸的工作顺序，依次把汽油喷入各进气歧管。顺序喷射可使每一个气缸都有一个较佳的喷油时刻和进气效率，这对提高混合气质量大有益处，其能够提高燃油经济性，减少有害物的排放。因此，现在大多数燃油喷射系统都采用顺序喷射方式。

5）按空气量测量方式分类

汽油发动机电控燃油喷射系统按空气量测量方式可分为直接测量方式和间接测量方式两种。

（1）直接测量方式（L型喷射系统）。

直接测量方式利用空气流量传感器直接测量吸入进气管的空气量。电子控制单元ECU根据测得的空气流量除以发动机转速算出每一循环的空气量，并由此确定每一循环的基本喷油量。这种测量方式测量精度比较高，可对空燃比实施较精确的控制。

（2）间接测量方式。

间接测量方式利用其他参数的测量值进行处理计算而获得每一循环的空气量。间接测量方式又可分为速度–密度方式（D型喷射系统）和节流–速度方式两种。采用速度–密度方式的常用流量计，为进气歧管绝对压力传感器，它通过测量进气歧管的真空度来间接测量空气流量。采用节流–速度方式的流量计，通过测量节气门的开度来间接测得空气进气量，由于这种测量方式精度不够，因此实际中很少采用。

三、汽油发动机稀薄燃烧技术与缸内直喷技术

汽油发动机稀薄燃烧技术的前提是发动机采用缸内直喷技术，缸内直喷技术是将高压汽油直接喷入气缸内部，其喷油器直接安装在燃烧室上方，而且喷油压力更高，喷射控制更加精确，缸内直喷如图 6-5 所示。

有了缸内直喷技术，稀薄燃烧技术才能得以实现，所谓稀薄燃烧指的是空燃比远远大于 14.7 的稀薄混合气仍能顺利点燃。稀薄燃烧发动机就是混合气中的汽油含量低，汽油与空气之比可达 1∶25 以上的发动机。稀薄燃烧技术的最大特点就是燃烧效率高，具有较高的经济性和环保性，同时还可以提升发动机的功率输出。在稀薄燃烧的条件下，由于混合气点火比理论空燃比条件下困难，暴燃也就更不容易发生，因此，可以采用较高的压缩比设计提高热能转换效率，再加上汽油能在过量的空气里充分燃烧，这样在这些条件的支持下能大大提高汽油的燃烧率。实现稀薄燃烧的关键技术归纳起来有以下三个方面。

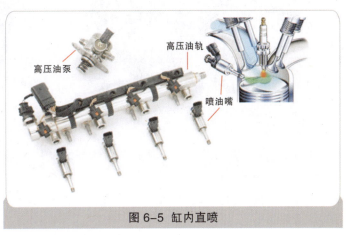

高压油泵　　高压油轨　　喷油嘴

图 6-5　缸内直喷

1. 提高压缩比

采用紧凑型燃烧室，通过进气口位置的改进使缸内形成较强的空气运动旋流，提高气流速度；将火花塞置于燃烧室中央，缩短点火距离；提高压缩比至 13∶1 左右，促使燃烧速度加快。

2. 空燃比达到 25∶1 以上

空燃比达到 25∶1 以上，按照常规是无法点燃的，因此必须采用由浓至稀的分层燃烧方式。通过缸内空气的运动在火花塞周围形成易于点火的浓混合气，空燃比达到 12∶1 左右，外层逐渐稀薄。浓混合气点燃后，燃烧迅速波及外层。为了提高燃烧的稳定性、降低氮氧化物（NO_x），现在采用燃油喷射定时与分段喷射技术，即将喷油喷射分成两个阶段：进气初期喷油，燃油首先进入缸内下部随后在缸内均匀分布；进气后期喷油，浓混合气在缸内上部聚集在火花塞四周被点燃，实现分层燃烧。

3. 高能点火

高能点火和宽间隙火花塞有利于火核形成，火焰传播距离缩短，燃烧速度增快，稀燃极限大。有些稀燃发动机采用双火花塞或者多极火花塞装置来达到上述目的。

四、空气滤清器的拆装与更换

①松开滤清器锁扣，用抹布擦拭空气滤清器外部，如图6-6所示，防止杂质掉入里面。

②取下滤芯，如图6-7所示。

图6-6 松开滤清器锁扣

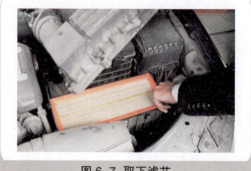

图6-7 取下滤芯

③清洁滤芯时用空气压缩机从滤芯内侧开始。上下均匀地沿斜角方向吹净滤芯内外表面的灰尘，如图6-8所示。

④如果没有压缩空气，可用木棒轻轻敲打滤芯，再用毛刷刷净外部污垢。注意：不得用大力敲打或碰撞滤芯。

⑤检查空气滤清器清洁情况，如太脏，应更换。

⑥安装好的空气滤清器应完好无损，密封良好，如图6-9所示。

图6-8 清洁滤芯

图6-9 安装新的空气滤清器

⑦安装牢固，如图6-10所示。

⑧整理工具，操作完毕。

图6-10 安装牢固

任务二　燃油系统主要部件构造与检修

一、燃油系统主要部件

1. 汽油箱

汽油箱（油箱）的作用是储存汽油，其所能容纳的油量通常可供汽车行驶 300 ~ 600 km。普通汽车只有一个汽油箱，越野汽车则常有主、副两个汽油箱，如图 6-11 所示。

汽油箱箱体是用薄钢板冲压件焊接而成的，其上部设有加油管，汽油箱上表面装有燃油表传感器和出油管，如图 6-12 所示。加油管上部由油箱盖盖住，加油管管内带有可拉出的延伸管，延伸管底部有滤网，加油时可滤去杂质。出油管上端与汽油滤清器相通，下端伸入油箱底部但距离箱底有一段距离，以防止吸出沉淀的杂质和水分。汽油箱内装有隔板，可减轻汽车行驶时汽油的振荡。油箱底部有放油螺塞，用以排除箱内的积水和污物。

无碳罐的汽油供给系统，汽油箱盖装有空气阀和蒸汽阀。当油平面下降，油箱内压力低于 0.098 MPa 时，空气阀打开，使空气进入油箱；当油箱内汽油挥发，蒸汽压力高于 0.11 MPa 时，蒸汽阀打开，使油气泄入大气中。如果经常出现油箱盖难以打开，或打开油箱盖时感觉有较大负压的情况，可能是空气阀有问题；如果经常出现打开加油盖时有很大压力从油箱中冲出，可能是蒸汽阀有问题。有碳罐的汽油供给系统，汽油箱盖只有一个真空泄放阀。

图 6-11　油箱的安装位置

图 6-12　汽油箱结构

2. 电动汽油泵

电动汽油泵的作用是将汽油从油箱内吸出，供给喷油器。

汽油泵的安装型式有两种：一种是安装在油箱外输油管路中的外装式；另一种是安装在油箱内的内装式。内装式浸泡在燃油里（图 6-13），这样可以防止产生气阻和燃油泄漏，且噪声小，目前应用广泛。电动汽油泵按结构分有滚柱式、叶片式和齿轮式等。

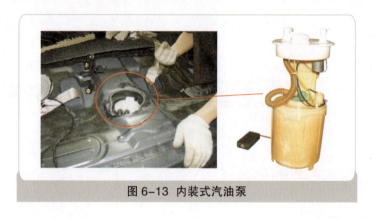

图 6-13 内装式汽油泵

1）滚柱式电动汽油泵

滚柱式电动汽油泵如图 6-14 所示。泵壳的一端是进油口，另一端是出油口。带滚柱泵的转子偏心地安装在泵体内由电动机驱动，滚柱装在转子的凹槽中。当油泵旋转时，由于离心力的作用，转子槽内的滚子向外移动，紧压在泵体壁面上。滚柱随转子一同旋转时泵腔容积发生变换，进油口一侧的工作腔容积增大，成为低压吸油腔，汽油经进油口被吸入工作腔内。在出油口一侧的工作腔容积减小，成为高压油腔，高压汽油从高压油腔经出油口流出。油泵出油口处有一单向阀，在油泵不工作时阻止燃油倒流回燃油箱，若因汽油滤清器堵塞等原因使油泵出油口一侧油压过高，与油泵一体的限压阀即被顶开，使部分燃油回到进油口一侧，以保护电动汽油泵。

滚柱式电动汽油泵运转时噪声较大，泵油压力脉动大，使用寿命较短，现代汽车越来越多地采用叶片式电动汽油泵。

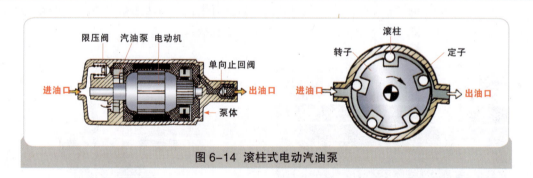

图 6-14 滚柱式电动汽油泵

2）叶片式电动汽油泵

叶片式电动汽油泵的结构如图 6-15 所示。叶轮是一个圆形平板，周围开有小槽，形成叶片。当叶轮旋转时，小槽内的汽油随同叶轮一同高速旋转。由于离心力的作用，使出口处油压增高，而在进口处产生真空，从而使汽油从进口吸入，从出口泵出。叶片式电动汽油泵泵油量大，噪声小，油压脉动小，叶片磨损小，使用寿命长。

在出油口还设置有一个单向阀，当油泵停转后，油路内燃油仍保持一定压力，可减少气阻现象，以便于发动机重新起动。为了防止油压过高，设置有限压阀，当出口侧压力超过一定值时，限压阀打开，高压燃油流回油箱。

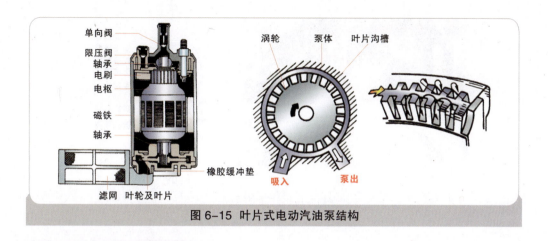

图 6-15　叶片式电动汽油泵结构

3. 汽油压力调节器

汽油压力调节器安装在燃油分配总管的一端，其作用是保证喷油器喷油压力与进气管压力之差为恒定值。这样，喷油器的喷油量只与喷油时间有关，ECU 通过控制喷油时间来控制喷油量。

汽油压力调节器如图 6-16 所示。油压调节器壳体内腔被膜片分成两个小室，上室内有一通气管与进气歧管相连，使供油系统中的油压不仅取决于弹簧预紧力，而且还取决于进气歧管内的气体压力，当输入的汽油压力低于弹簧预紧力和进气歧管压力之和时，弹簧紧压在膜片上，使回油阀关闭，油压升高；当输入的汽油压力高于弹簧预紧压力与进气歧管压力之和时，汽油推动膜片向上压缩弹簧，打开回油阀，使部分汽油流回油箱，油路中的油压降低。这样就使喷油压力随进气歧管的压力而变化，从而使喷油压力与进气歧管压力之差保持不变，使喷油压力在不同的节气门开度下保持定值。

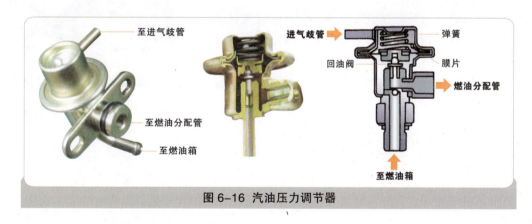

图 6-16　汽油压力调节器

4. 汽油滤清器

汽油滤清器的作用是除去汽油中的杂质及水分，以减少油压调节器和喷油器等零件的故障，保障燃油系统的正常工作。汽油滤清器如图 6-17 所示。

清油出口
滤清器盖
双层咬圈
支撑弹簧
支撑管

滤纸
镀锅外壳

螺纹接口
污油进口

（a）　　　　　　　　　　　　　（b）

图 6-17　汽油滤清器

（a）安装位置；（b）构造组成

5. 空气滤清器

空气滤清器的作用是把空气中的尘土和砂粒分离出来，保证供给发动机足够量的清洁空气，以减少气缸、活塞和活塞环的磨损。

空气滤清器按其滤清方式可以分为惯性式和过滤式，按是否用机油可以分为干式和湿式。把它们组合起来就形成干惯性式、干过滤式、湿惯性式、湿过滤式、综合式（惯性式和过滤式的综合）空气滤清器。

惯性式空气滤清器是根据离心力或惯性力与质量成正比的原理，利用尘土比空气重的特点，引导气流做高速旋转运动，重的尘土就会自动地从空气中甩出去；或者引导气流突然改变流动方向，重的尘土就来不及改变方向而从空气中分离出去。惯性式空气滤清器的优点是进气阻力小，保养简单；缺点是滤清能力不强，即滤清效果差。

过滤式空气滤清器是根据吸附原理，引导气流通过滤芯（如金属网、丝、棉质和纸质等物质），将尘土隔离并黏附在滤芯上，从而使空气得到滤清，如图 6-18 所示。过滤式空气滤清器的优点是滤清能力强，滤清效果好；缺点是进气阻力大，滤芯易堵塞。

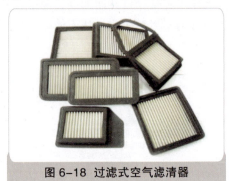

图 6-18　过滤式空气滤清器

6. 进排气装置

①进排气管的作用。进气管的作用是将可燃混合气（汽油机）或空气（柴油机）分送到各个气缸，对于多缸发动机还要注意保证各缸进气量均匀一致；排气管的作用是将燃烧后的废气从排气消声器排入大气。

②进排气管的构造。进排气管一般用铸铁制成，少数进排气管也有用铝合金铸造的，如图 6-19 所示。汽油发动机的进排气管为了便于进气管加热，通常要装在气缸的同一侧。它们可铸成一体，也可分别铸造，再用螺栓连接在一起。柴油发动机的进排气管大多不在气缸的同一侧，以免排气管高温对进气管的影响而降低充气效率。进排气管都用螺栓固定在气缸体上或气缸盖上，在接合面处有金属片包的石棉衬垫，以防漏气。进排气管的各个支管分别与进排气门的通道相接。进气总管以凸缘连通化油器或节气门，排气总管连通排气消声器。

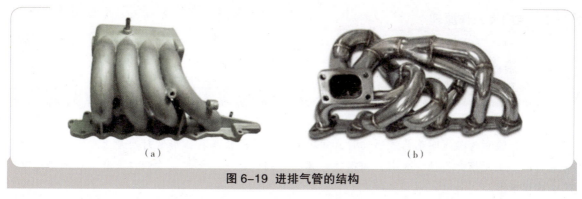

图 6-19　进排气管的结构

（a）铸铁进气管；（b）铝合金排气管

7. 排气消声器

排气消声器的作用是降低从排气管排出废气的温度和压力，以消除火星和噪声。排气消声器的基本原理是：消耗废气流的能量，平衡气流的压力波动。排气消声器通常采用以下几种方法：多次改变气流方向、重复地使气流通过收缩而又扩大的断面、将气流分割为很多小的支流并沿着不平滑的平面流动、将气流冷却。

排气消声器一般由外壳、多孔管和隔板组成，如图 6-20 所示。隔板在外壳内隔成几个尺寸不同的滤声室。

废气进入多孔管后，再进入多孔管与外壳间的滤声室，因受到反射，并在这里膨胀冷却，又经过多次与壁碰撞消耗能量，使废气温度、压力和流速都显著降低，从而消减了排气噪声也消除了火焰和火星。

图 6-20　排气消声器

8. 喷油器

喷油器的作用是按照电控单元的指令将一定数量的汽油以雾状喷入进气道或进气管内。电控汽油喷射系统中都采用电磁式喷油器，如图 6-21 所示。

图 6-21　喷油器

2）结构及工作原理

（1）轴针式喷油器。

轴针式喷油器的结构如图 6-22 所示。喷油器主要由滤网、电磁线圈、磁芯、针阀、阀体、弹簧、壳体等组成。

当喷油器的电磁线圈无电流通过时，阀内弹簧将针阀紧压在锥形密封阀座上；当电磁线圈通电时，产生磁场，衔铁被吸引，同衔铁一体的针阀也被一起吸起，喷油口打开，燃油沿通路从喷油口喷出。

喷油器的燃油喷射量取决于针阀升程、喷油孔尺寸、喷油压力、喷油持续时间等，喷油压力由燃油压力调节器调节为恒定值，对于一定形式的喷油器，其喷油量就取决于喷油持续时间，即线圈通电时间。

轴针式喷油器的喷口不易堵塞，但质量较大，动态响应较差。

（2）孔式喷油器。

孔式喷油器针阀的前端没有轴针，故针阀不露出喷孔。孔式喷油器的喷孔数有一或二个，阀门一般为锥形或球形（也称球阀式喷油器），其结构如图 6-23 所示。球阀的阀针是由钢球、导杆和衔铁焊接成的一个整体，其质量只有普通轴针式的一半，且导向杆也较轴针式的短。

孔式喷油器雾化质量较好，响应速度快，缺点是易堵塞。

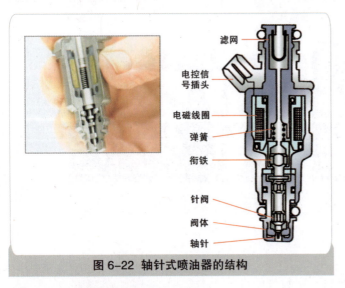

图 6-22 轴针式喷油器的结构

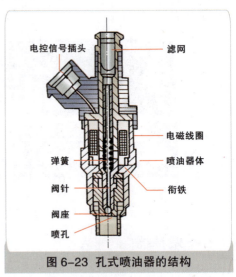

图 6-23 孔式喷油器的结构

9. 冷起动喷油器

发动机在低温冷起动时，需要极浓的混合气，有些车型的汽油喷射系统在发动机冷起动时，除了通过延长各缸喷油器的喷油时间来增加喷油量外，还在进气总管的中央部位装有冷起动喷油器（又称冷起动阀）。

冷起动喷油器与安装在进气歧管上的各缸喷油器相似，也是一种电磁阀，其结构如图 6-24 所示，它主要由电磁线圈、衔铁、弹簧等组成。其中针阀与衔铁制成一体，被弹簧紧压在阀座上。当冷车起动时，电磁线圈通电产生磁场，将衔铁吸起，汽油通过旋流式喷嘴喷出。

冷起动喷油器的开启持续时间取决于发动机的温度，由热限时开关控制。热限时开关是一个温控开关（图 6-25），以螺纹连接方式安装在发动机冷却水路上。热限时开关内部有一对常闭触点，当低温起动发动机时，冷起动喷油器电磁线圈电路导通，同时加热线圈也导通，将双金属片进行加热，双金属片受热后会弯曲变形，当双金属片弯曲到一定程度时，触点打开，冷起动喷油器停止喷油。

现在有很多发动机取消了冷起动喷油器，发动机冷起动时，ECU 根据冷却液温度信号，延长主喷油器喷油时间，以增加喷油量，加浓混合气。

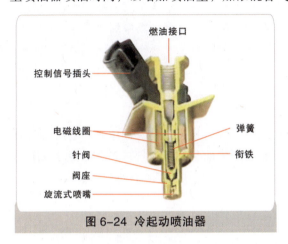

图 6-24 冷起动喷油器

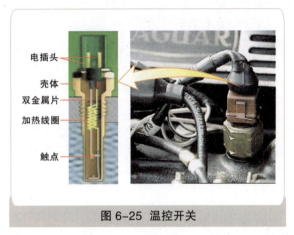

图 6-25 温控开关

二、主要部件的检修

1. 燃油泵的检修

检修电动燃油泵时应判断是控制电路故障还是电动燃油泵本身的故障：先关闭点火开关，拆下后备厢底板处的油泵检测盖板，拔下电动燃油泵导线插头；再打开点火开关（初始油压型）或用起动机带动曲轴旋转（无初始油压型），检测电动燃油泵导线插头中电源端子和搭铁端子之间的电压，如为 12 V 说明电动燃油泵控制电路完好，故障点在电动燃油泵；如不为 12 V，说明故障点在电动燃油泵控制电路。

1）电动燃油泵电阻的检测

测量电动燃油泵电源端子和搭铁端子间的电阻，即为电动燃油泵直流电动机线圈的电阻，其阻值应为 0.2 ~ 3 Ω，否则应更换电动燃油泵。

2）电动燃油泵工作状态检查

将电动燃油泵与蓄电池相连（正负极不得反接），并使电动燃油泵尽量远离蓄电池，每次通电时间不得超过 10 s（时间过长会烧坏电动燃油泵电动机的线圈）。如果电动燃油泵不转动，则应予以更换。

3）电动燃油泵供油量的检查

①按安全操作规程拆除燃油分配管上的进油管。

②把拆开的进油管放入一个大号量杯中。

③用跨接线将电动燃油泵与蓄电池相连，此时电动燃油泵工作，泵送出高压汽油。

④记录电动燃油泵工作时间和供油体积，供油量应符合车型技术要求。一般经汽油滤清器过滤后的供油量为 0.6 ~ 1 L/30 s。

检测电动燃油泵供油量时，应充分认识此项操作的危险性，操作现场应通风良好、断绝火源并准备好灭火器材。

4）电动燃油泵进油滤网的维护

电动燃油泵在进油口处有一个进油滤网，如图 6-26 所示，用来过滤汽油中直径较大的杂质和胶质，保护油泵电动机。杂质和胶质较多时会影响电动燃油泵的泵油量，严重时会导致电动燃油泵无法吸油，此时需清洗油泵滤网和汽油箱。油泵滤网破损后应更换电动燃油泵总成。

2．喷油器的检修

1）检查喷油器工作情况

喷油器的结构如图 6-27 所示，发动机热机后怠速运转时，可用手触摸或用触杆式听诊器接触喷油器测听各缸喷油器工作的声音，发动机运转时应能听到有节奏的"嗒嗒"声，发动机加速时节奏加快，这是针阀开闭时的工作声；若各缸喷油器工作声音清脆、均匀，则说明各喷油器工作正常；若某缸喷油器工作声音很小则可能是针阀卡滞，应做进一步的检查；若听不见某缸喷油器的工作声音，则说明该缸喷油器不工作，应检查喷油器及其控制线路。

图 6-26　电动燃油泵结构

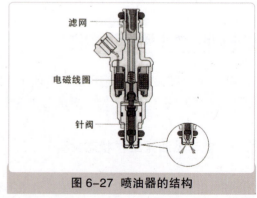

图 6-27　喷油器的结构

2）喷油器电磁线圈电阻的测量

关闭点火开关，拔下喷油器的导线插头，测量喷油器两个接线端子间（电磁线圈）的电阻值。在温度为20 ℃时，低阻式喷油器电阻值一般为2～3 Ω，高阻式喷油器电阻值一般为13～16 Ω，如图6-28所示。

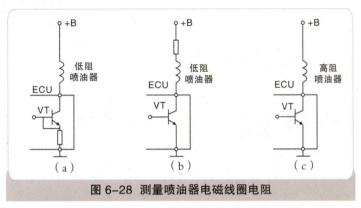

图6-28 测量喷油器电磁线圈电阻

（a）电流驱动；（b）电压驱动（低阻）；（c）电压驱动（高阻）

3. 油压调节器的检修

1）系统油压过低的检查

在正常情况下，发动机怠速运行时，汽油压力应上升到一定的值，如捷达轿车为250 kPa左右，如图6-29所示。

发动机怠速运行时，用包上软布的钳子将油压调节器的回油管夹紧，如图6-30所示。如油压上升到400 kPa以上，说明油压调节器有故障。

发动机怠速运行时，拔下油压调节器上的真空软管，检查燃油压力，此时的燃油压力应比怠速运转时的燃油压力高50 kPa左右，如图6-31所示。如压力变化不符合要求，即说明油压调节器工作不良，应更换。

图6-29 正常油压

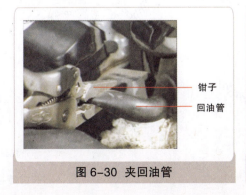

图6-30 夹回油管

钳子
回油管

图6-31 拔真空管后的油压

2）系统油压过高的检查

当油压过高时，首先对系统卸压（图6-32），拆下油压调节器上的回油管，套上准许的容器，接通点火开关，观察油压调节器的回油量，如回油量少或没有回油，则油压调节器损坏，应更换。

图6-32 对燃油系统进行卸压

三、主要部件的拆装

1.喷油器总成的拆装

1）拆卸

步骤1

释放燃油压力。取下燃油泵继电器，起动发动机，维持怠速运转，直至发动机熄火，关闭点火开关。

步骤2

拆下1号燃油管夹箍，如图6-33所示。

步骤3

捏住燃油管连接器的挡圈，然后拉出燃油管连接器，如图6-34所示。

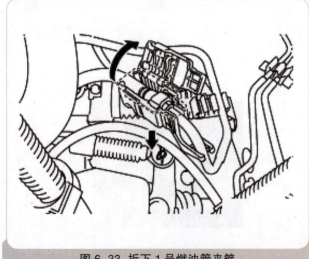

图6-33 拆下1号燃油管夹箍

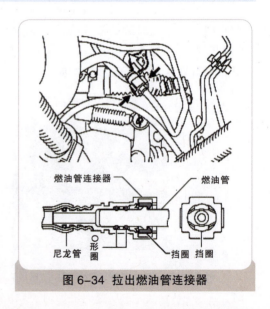

图6-34 拉出燃油管连接器

步骤 4

从燃油软管夹箍上拆下燃油管分总成。

步骤 5

断开 2 号通风管，如图 6-35 所示。

步骤 6

拆下 2 个线束夹箍，断开 4 个喷油器连接器，如图 6-36 所示。

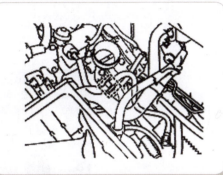

图 6-35　断开 2 号通风管

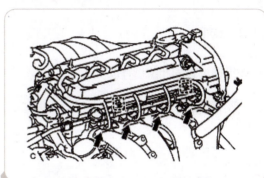

图 6-36　断开 4 个喷油器连接器

步骤 7

拆下 2 个螺栓，如图 6-37 所示。然后一起拆下输油管和 4 个喷油器。

注意：拆下输油管时，小心勿使喷油器掉落。

步骤 8

从气缸盖上拆下 2 个输油管隔离件和 4 个喷油器隔振件，如图 6-38 所示。

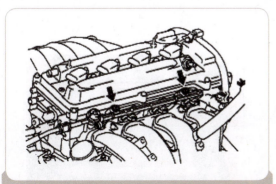

图 6-37　拆下 2 个螺栓

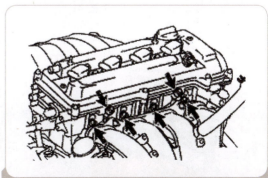

图 6-38　拆下输油管隔离件和喷油器隔振件

步骤9

拆卸喷油器总成，将4个喷油器拉出输油管，如图6-39所示。

注意：用塑料袋包住喷油器，以防异物进入，如图6-40所示。

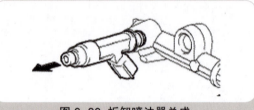

图6-39 拆卸喷油器总成

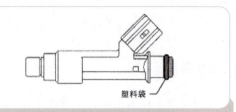

塑料袋

图6-40 用塑料袋包住喷油器

（2）安装

按拆卸过程的相反顺序安装。

2. 喷油器清洗

1）喷油器喷孔的清洗

步骤1

在超声波清洗机内加入适量的清洗剂（图6-41），一般清洗剂以浸过喷油器针阀20 mm左右即可。

图6-41 清洗剂

步骤2

接通超声波清洗机电源，如图6-42所示。

步骤3

把喷油器放在超声波清洗支架上，如图6-43所示。

图6-42 超声波清洗机

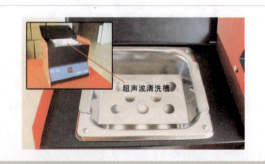

超声波清洗槽

图6-43 把喷油器放在超声波清洗支架上

步骤 4

将喷油器脉冲信号线与喷油器插好并打开超声波电源开关。

步骤 5

设备选择超声波清洗功能，然后设定时间（系统默认为 600 s），按"运行"键即可，如图 6-44 所示。

步骤 6

在超声波清洗过程中，喷油器将按程序常开、常闭、脉冲打开等进行清洗，如图 6-45 所示。

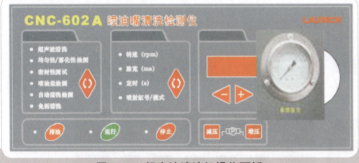
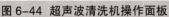

图 6-44　超声波清洗机操作面板

图 6-45　清洗过程

步骤 7

此项工作结束，系统自动停止，并以蜂鸣器鸣叫提示，这时可关闭超声波清洗机电源开关。

步骤 8

从清洗槽中拿出喷油器，用软布擦净上面的清洗剂。

2）喷油器整体与滤网沉积物清洗

步骤 1

拿开超声波清洗机支架，将整个喷油器浸入清洗剂，如图 6-46 所示。

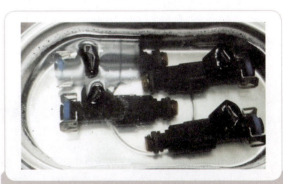

图 6-46　将整个喷油器浸入清洗剂

步骤 2

接通超声波清洗机电源。

步骤 3

打开超声波电源开关，清洗结束时间按清洗干净喷油器滤网为止。

步骤 4

关闭电源，从清洗槽中拿出喷油器，用软布擦净上面的清洗剂。

3. 喷油器的检测

1）均匀性 / 雾化性检测

检测各个喷油器喷油量的均匀性，观察喷油器的喷射雾化情况，如图 6-47 所示。

图 6-47 喷油器均匀性 / 雾化性检测

2）密封性测试

检测喷油器在系统压力下的密封性和滴漏情况，如图 6-48 所示。

注：密封性测试是在系统压力下检测喷油器的针阀密封情况，观测喷油器是否滴油，如发现一分钟滴漏大于一滴（或按技术标准），则要更换喷油器。

图 6-48 检测喷油器在系统压力下的密封性和滴漏情况

3）喷油量检测

检测喷油器在 15 s 常喷情况下的喷油量，如图 6-49 所示。

注：喷油量检测是检测喷油器在 15 s 常喷情况下的喷油量，然后参照喷油器的相关技术手

册判断是否与标准喷油器的喷射量一致（或在其误差范围内）。该值的变化或偏差反映了喷油器的孔径变化（磨损）或阻塞情况，而排除因喷油器电参数变化的干扰。

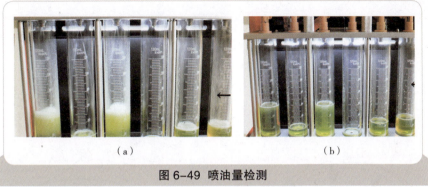

（a）　　　　　　　　　　　　（b）

图 6-49　喷油量检测

（a）检测中；（b）检测结果

4. 油泵总成的拆装

1）拆卸

步骤 1

释放燃油压力。取下燃油泵继电器，起动发动机，维持怠速运转，直至发动机熄火，关闭点火开关。

步骤 2

断开蓄电池负极电缆，拆下后座椅软垫总成。

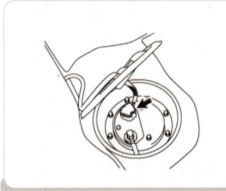

图 6-50　拆下后地板维修孔盖

步骤 3

拆下后地板维修孔盖，断开燃油泵连接器，如图 6-50 所示。

步骤 4

拆下管接头夹，并拉出燃油箱主管分总成，如图 6-51 所示。

注意：

①不要用力弯曲、扭曲或转动燃油箱主管。

②断开燃油管接头后，用塑料袋包住断开部位以进行保护。

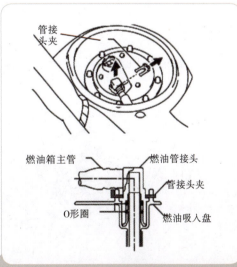

图 6-51 拆下管接头夹和拉出燃油箱主管分总成

步骤 5

拆下 8 个螺栓和定位板，如图 6-52 所示。

步骤 6

从燃油箱上拆下燃油吸油管总成，如图 6-53 所示。

注意：

①不要损坏吸油滤清器。

②确保燃油传感器臂没有弯曲。

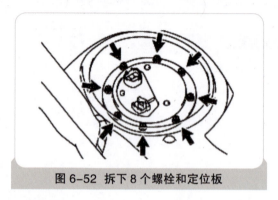

图 6-52 拆下 8 个螺栓和定位板

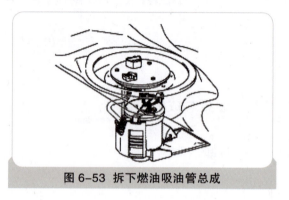

图 6-53 拆下燃油吸油管总成

步骤 7

从燃油吸油管总成上拆下燃油吸油管固定垫片，如图 6-54 所示。

步骤 8

拆卸燃油传感器总成。

步骤 9

从燃油吸入盘上断开燃油泵线束连接器，如图 6-55 所示。

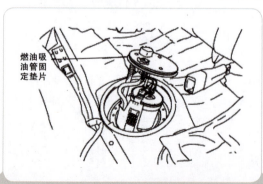

燃油吸
油管固
定垫片

图 6-54 拆下燃油吸油管固定垫片

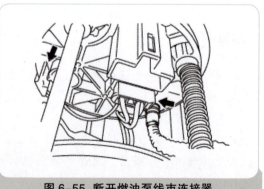

图 6-55 断开燃油泵线束连接器

步骤 10

用尖嘴钳拆下 E 形圈，如图 6-56 所示。

步骤 11

脱开 1 号燃油吸油管支架上的 4 个定位爪，并从带燃油滤清器的燃油吸入盘上拆下燃油箱下壳分总成，如图 6-57 所示。

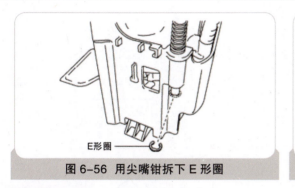

图 6-56　用尖嘴钳拆下 E 形圈　　　　　图 6-57　拆下燃油箱下壳分总成

步骤 12

使用头部缠有保护带的螺丝刀，脱开 2 个定位爪并拆下 1 号燃油吸油管支架，如图 6-58 所示。

步骤 13

使用头部缠有保护带的螺丝刀，脱开 5 个定位爪，并从燃油滤清器上拆下带滤清器的燃油泵总成，如图 6-59 所示。

注意：

①不要损坏燃油滤清器。

②不要拆下吸油滤清器。

③如果从燃油泵上拆下吸油滤清器，则不要使用燃油泵或吸油滤清器。

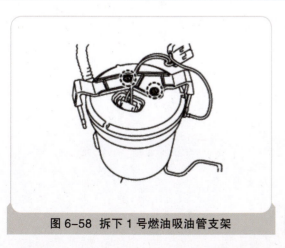

图 6-58　拆下 1 号燃油吸油管支架

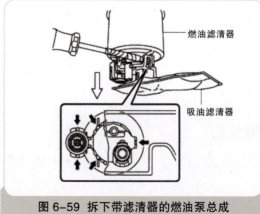

图 6-59　拆下带滤清器的燃油泵总成

步骤 14

拆下燃油泵线束连接器，如图 6-60 所示。

步骤 15

从带滤清器的燃油泵总成上拆下 O 形圈和燃油泵隔离件。

注意：

小心不要损坏密封表面。

提示：

如果 O 形圈仍在燃油滤清器中，则使用顶端形状如图 6-61 所示的钢丝将其拆下。

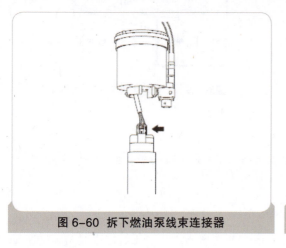

图 6-60 拆下燃油泵线束连接器

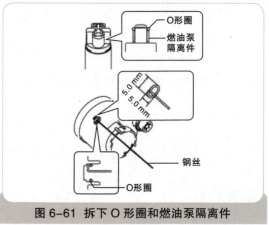

图 6-61 拆下 O 形圈和燃油泵隔离件

2）安装

按拆卸过程的相反顺序安装。

5.排气歧管的拆装

1）拆卸

步骤 1

拆下前轮框加长板。

步骤 2

拆卸发动机下盖。

步骤3

断开氧传感器连接器，如图6-62所示。

步骤4

松开固定螺栓，拆下前排气管总成，如图6-63所示。

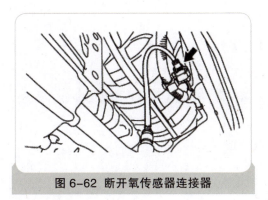

图6-62　断开氧传感器连接器

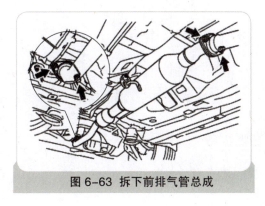

图6-63　拆下前排气管总成

步骤5

松开4个紧固螺栓，取下排气歧管隔热件，如图6-64所示。

步骤6

用SST从排气歧管上拆下空燃比传感器，如图6-65所示。

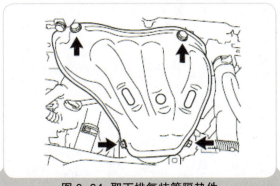

图6-64　取下排气歧管隔热件

图6-65　拆下空燃比传感器

步骤7

松开歧管支撑件螺栓、螺母，取下歧管支撑件，如图6-66所示。

步骤 8

使用 12 mm 长套筒扳手，拆下 5 个螺母和排气歧管转化器分总成，如图 6-67 所示。

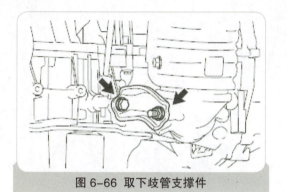

图 6-66 取下歧管支撑件　　　　图 6-67 拆下螺母和排气歧管转化器分总成

步骤 9

取下排气歧管垫片，如图 6-68 所示。

步骤 10

拆卸 2 号排气歧管隔热件，如图 6-69 所示。

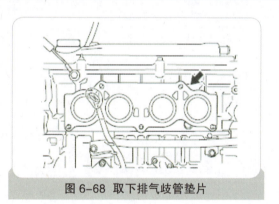
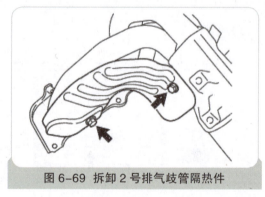

图 6-68 取下排气歧管垫片　　　　图 6-69 拆卸 2 号排气歧管隔热件

步骤 11

拆卸 1 号排气歧管转化器隔热板，如图 6-70 所示。

（2）安装

按拆卸的相反顺序安装排气歧管。

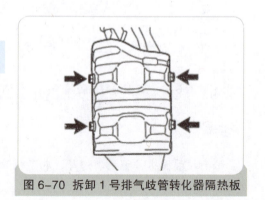

图 6-70 拆卸 1 号排气歧管转化器隔热板

一、填空题

1.汽车发动机电子控制汽油喷射系统，根据进气空气量检测方式，可分为 _____ 和 _____。

2.燃油压力调节器的作用是为了保持 _____ 和 _____ 之间的差值恒定，通常为 _____。

3.空气供给系统除了 _____、_____ 和 _____ 外，还有电控汽油喷射系统特有的 _____、_____、_____ 和 _____ 等。

4.电动汽油泵按结构可分为 _____、_____ 和 _____。

5.喷油器的作用是按照 _____ 的指令将一定数量的汽油以 _____ 喷入 _____ 或 _____。电控汽油喷射系统中都采用 _____。

二、选择题

1.空燃比等于 14.7 的混合气称为（   ）。

    A.标准混合气   B.稀混合气

    C.浓混合气   D.可燃混合气

2.燃油箱内部与大气应（   ）。

    A.相通   B.密封

    C.根据情况相通或密封   D.哪种都可以

3.关于燃油表指示，甲说如燃油表指示"F"，表明油箱内的燃油为满箱；乙说如燃油表指针位于红色区域，表明油箱内的燃油为空箱。你认为以上观点（   ）。

    A.甲正确   B.乙正确   C.甲乙都正确   D.甲乙都不正确

三、判断题

1.箱体可以由高分子材料吹塑成型，也可以采用金属冲压焊接制造。   （   ）

2.高分子材料燃油箱由于成型自由、质量轻、生产工艺简单、防爆性能好、耐腐蚀、对油品影响小而受到欢迎，成为当前燃油箱产品的趋势。   （   ）

3.铁油箱都是旋转卡紧和螺栓压紧。   （   ）

四、简答题

1.汽油机燃油系统由哪些零件组成？

2.汽油滤清器未按时维护对燃油系统有何影响？

课题七
发动机的装配与调试

 学习任务

1. 掌握发动机修复的装配要领与调整内容。
2. 掌握发动机装配的技术要求。
3. 掌握发动机的调试方法。

 技能要求

1. 能够按规范进行发动机装配。
2. 能够按规范进行发动机调试。

任务一 发动机的总装

一、发动机装配的基本要求

发动机大修或更换部件后，必须按规范进行装配，并进行必要的磨合，才能保证发动机性能达到规定的要求。

1. 对发动机装配场所的要求

①发动机的装配应在专用车间或清洁场地进行。装配过程中应防尘和保持较为稳定的室内温度。

②发动机在装配过程中，要做到工件不落地、工量具不落地和油渍不落地，并保持工作台、工件盘和工、量具的清洁。

2. 待装零、部件要求

①准备装合的零、部件及总成都要经过检验及试验，必须保证质量合格。

②易损零件、紧固锁止件应全部换新，如气缸垫及其他衬垫、开口销、自锁螺母、弹簧垫圈等，如图 7-1 所示。

③严格保持零件、润滑油道清洁。

④不许互换的零件（如气门等），应做好装配标记，以防错装。全部零件清洁、清点后应分类摆放整齐，如图 7-2 所示。

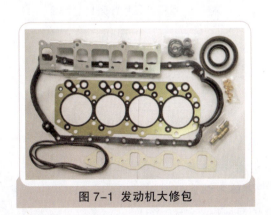

图 7-1 发动机大修包

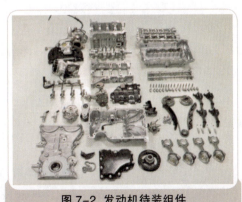

图 7-2 发动机待装组件

⑤装配时，应在零件的配合表面（过盈配合、过渡配合、动配合表面）和摩擦表面（如凸轮、齿轮、摇臂头部、螺纹等）上涂抹发动机用机油，做好预润滑，如图 7-3 所示。

图 7-3 发动机待装件的预润滑

3. 作业要求

①装配中所用的工量具应齐全、合格，尽量使用专用器具装配。

②装配过程中不得直接用手锤击打零件，必要时应垫上铜棒等。

③确保各密封部位的密封，防止漏水、漏油、漏气、漏电，重要密封部位应涂密封胶。安装橡胶自紧油封时，应在唇口和外圆涂抹机油后，再用压具压入油封承孔中，如图 7-4 所示。

④各部紧固螺栓、螺母应按规定紧固力矩、拧紧顺序和方法拧紧。对于主轴承盖螺栓、连杆螺栓、气缸盖螺栓、飞轮固定螺栓等发动机上的重要的螺栓（或螺母），必须使用扭力扳手，按规定顺序，分次、均匀地将螺栓拧到规定力矩，如图 7-5 所示。

⑤重要部位的间隙必须符合标准规定。

图 7-4 装配好的曲轴油封

图 7-5 用扭力扳手紧固缸盖螺栓

二、装配

1. 安装曲轴和主轴瓦

①将气缸体倒放在工作台或拆装架上，并对气缸体的清洁再进行一次检视。

②检查和安装各道主轴瓦片，并在轴瓦上涂以机油。

③将曲轴擦拭清洁后轻抬、慢放，平稳装入气缸体主轴瓦中，如图 7-6 所示，在曲轴落入主轴瓦的过程中应注意调整好曲轴止推轴承片与瓦座的对应位置。

④将各主轴承盖按记号装好，并按规定力矩先将中间一道主轴承盖拧紧，然后对称地向两端拧紧其余各道主轴承盖。每紧固一道轴承，转动一下曲轴。曲轴装好后，检查其轴向间隙，应符合技术要求，如图 7-7 所示。

图7-6　放入曲轴

图7-7　曲轴轴向间隙的测量

⑤装合正时齿轮与止推垫片（注意方位）。正时齿轮与轴颈为过渡配合、键连接。

⑥安装曲轴油封时应注意其松紧度适中，如图7-8所示。

2. 活塞连杆组的安装

（1）活塞连杆组的组装。

①安装活塞销，如图7-9所示。

②检查活塞连杆安装的正确性，即活塞顶与曲轴轴线的平行度。

③检查偏缸。

④安装活塞环，如图7-10所示。

图7-8　曲轴油封的安装

图7-9　安装活塞销

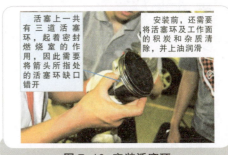

图7-10　安装活塞环

◎ 注意：

装配标记应朝向曲轴皮带轮。

（2）活塞连杆组与曲轴的装合。

①按缸号标记及方向标记将活塞装入相应气缸内，如图7-11所示，并在活塞裙部或气缸壁上涂以润滑油（包括活塞环与槽），如图7-12所示，将各活塞连杆组装入气缸内，装配完毕应再次检查装配标记是否正确。

图 7-11 活塞的安装

图 7-12 涂抹润滑油

②连杆轴瓦与连杆螺栓的装配，如图 7-13 所示。

③连杆与曲轴连杆轴颈的装合。

（3）中间轴的安装。

图 7-13 安装连杆螺栓

将中间轴涂以润滑油，从前向后装在气缸体上。

用专用工具将油封垂直压入中间轴密封法兰中（油封刃口应润滑），将法兰与垫圈装到缸体上，旋紧螺栓。用百分表检查中间轴轴向间隙（使用极限为 0.25 mm），可改变垫圈的厚度及数量进行调整。调整完毕旋紧螺栓（力矩 25 N·m）。然后装上半圆键、惰轮、垫圈，紧固螺栓（力矩 80 N·m）。

（4）气门组的装配。

①压装气门导管油封。

②装合气门组件，如图 7-14 所示。

③安装推杆。

　a. 机械式推杆。

　b. 液压推杆。

④安装凸轮轴。

　a. 检查各轴承盖装配位置及标记（不可错装），并涂以润滑油。如图 7-15 所示。

图 7-14 安装气门组件

图 7-15 润滑凸轮轴

b. 使1缸凸轮朝上（不压迫气门杆），装上凸轮轴。先装上第2、第5道轴承盖并以 20 N·m 力矩对角线交替拧紧轴承盖紧固螺栓，再装第1、第3道轴承盖，最后装上第4道轴承盖，并交替拧紧（力矩 20 N·m），如图7-16所示。

c. 安装凸轮轴油封。

油封刃口向内，涂以润滑油，使用导套及压具将油封压入，但油封不得压入过量（易堵塞回油孔），稍低于缸盖表面即可。

图 7-16　紧固凸轮轴

d. 安装半圆键和凸轮轴正时齿轮，再装上垫圈和轴头螺栓（拧紧力矩 80 N·m）。

（5）气缸盖的安装。

先安装气缸盖垫，标记"OPEN"朝上，再转动曲轴使各缸活塞均不在上止点位置（以防与气门相碰），利用导向工具（装在缸体螺纹孔中）装上气缸盖、旋上缸盖螺栓。按拧紧顺序分4次拧紧，依次为 40 N·m、60 N·m、75 N·m，旋转 90°。

（6）正时齿形皮带轮的安装。

安装曲轴正时齿轮、正时齿带并检查齿形皮带松紧度。

（7）气门间隙的检查。

液压推杆的气门间隙不需调整，但应检查并确定其液压作用所能补偿气门产生的间隙，如图7-17所示。

（8）气门室罩的安装。

在气缸盖上装上导油板，衬垫上涂以密封胶，将气门室罩盖和加强板一同装上，旋紧罩盖紧固螺栓（力矩 10 N·m）。气门室罩的安装，如图7-18所示。

图 7-17　检查气门间隙

图 7-18　安装气门室罩

（9）齿形皮带罩的安装及发动机皮带的调整（图7-19）。

（10）机油泵与分电器的安装。

（11）油底壳的安装及新机油的加注。

①安装油底壳，如图7-20所示。
②加注新机油。

（12）进、排气歧管的安装（图7-21）。

图7-19 安装齿形皮带罩

图7-20 安装油底壳

（a） （b）

图7-21 进、排气歧管的安装

（a）进气管的安装；（b）排气管的安装

（13）离合器的安装。

（14）发电机的安装。

（15）电器及其他附件的安装。

包括机油粗、细滤清器，曲轴箱通风装置，风扇带起动机和空压机等，并调整风扇带的张紧度。

（16）安装喷油器（图7-22）。

图7-22 安装喷油器

任务二　发动机的磨合与验收

一、发动机的磨合

发动机装置完毕，需进行磨合及磨合过程中的调试、检验和维护才能装车出厂。出厂后，发动机还要经过一段"汽车走合"期，才能投入正常工作。

磨合过程实质上就是通过零件配合表面间的摩擦运动，进行一种特殊的机械加工的过程。它可以起到如下作用：扩大配合表面的实际接触面积，增大配合间隙，降低配合表面的粗糙度。

发动机的磨合过程（见图7-23）分为两个阶段：第一阶段是出厂前在台架上进行的磨合（包括冷磨合与热磨合），一般称为发动机磨合；第二阶段是发动机装车出厂后，在汽车运行过程中进行的磨合。

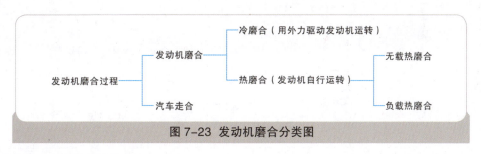

图 7-23　发动机磨合分类图

发动机磨合时要注意以下几点。

①磨合时的负荷。

②磨合时的转速。

③磨合时间。

磨合：汽车总成或机构组装后，改善零件摩擦表面几何形状和表面物理机械性能的运转过程。

冷磨：将发动机基本装复，不装气缸盖（顶置式配气机构的发动机，装气缸盖但不装火花塞）和冷却系统、燃油系统的部分附件，由其他动力带动发动机进行运转。

热磨：将全部装复的发动机进行发动，在不同转速下进行运转试验。

二、发动机磨合的意义

①形成适应工作条件的配合性质。

a. 扩大配合表面的实际接触面积。

b. 形成适应工作条件的表面粗糙度。

c. 改善配合性质。

②改善配合副的润滑效能。

③提高发动机的可靠性与耐久性。

三、磨合规范

1. 发动机冷磨

将发动机主要机件包括离合器及分离机构全部装配（不装气缸盖），放在专用小车上，然后连接冷磨机由电动机带动进行运转冷磨，使配合机件得到初步磨合。

冷磨时应使用稀薄的 6 号机油，或者在常用机油中加入 15% 的煤油或轻柴油。

一般冷磨时间为 1.5 ~ 2 h。

1）冷磨合转速（图 7-24）

起始转速 400 ~ 500 r/min，终止转速 1 200 ~ 1 400 r/min。

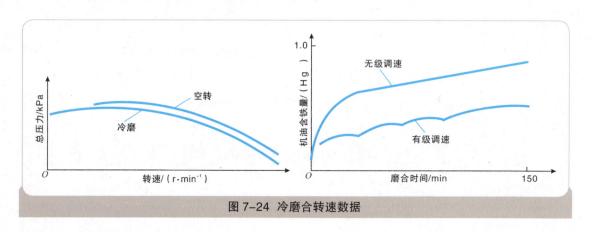

图 7-24 冷磨合转速数据

2）冷磨合载荷

实践证明，装好气缸盖，堵死火花塞孔，借助气缸的压缩压力来增加冷磨合载荷是极为有益的。

3）冷磨合润滑

现行的润滑方式有自润滑、油浴式润滑和机外润滑。

4）冷磨合时间

各级转速的冷磨合时间约 15 min，共 60 min。

2．发动机热磨

目的：在无负荷的情况下进行试验性运转，全面地观察各部分的技术状态和工作情况，以便发现因修理中的缺陷而引起的工作中的不正常现象和响声，查明原因并予以排除，同时也使发动机各机件得到进一步的磨合。

❮❮❮ 1）无载热磨合

无载热磨合是为有载热磨合做准备，其磨合原理与冷磨合类似，因此无载热磨合的转速取 $0.4P_e \sim 0.55P_e$（P_e 为发动机额定功率）。

❮❮❮ 2）有载热磨合

起始转速为 $0.4P_e \sim 0.5P_e$，磨合终了转速一般取 $0.8P_e$，四级调速。磨合时间的确定，多以每级磨合中的转速变化或润滑油温度来判断。实践证明，上述磨合规范的总磨合时间为 120 ~ 150 min。

四、发动机的调试

发动机总成装配后，一般要求经过冷试与热试才能投入使用。通过冷试与热试，可提高零件配合质量，保证正确的间隙（如气门间隙）和准确的正时（如点火正时），从而提高发动机的动力性、经济性、工作可靠性和使用寿命。

发动机的调试主要是用冷磨和热磨的方法进行的。

五、发动机大修后的竣工验收

发动机经磨合调整后，应进行发动机的验收，主要验收项目及要求为：消耗正常，附件工作正常，不得有漏水、漏油、漏气、漏电等现象。

1．一般技术要求

①加注的机油量、牌号以及润滑脂符合原厂规定。

②急加速时无突爆声，不回火，消声器无放炮声，工作中无异响。

③机油压力和水温正常。

④气缸压力符合原厂规定，各缸压力差，汽油机应不超过各缸平均压力的8%，柴油机不超过10%。

⑤四冲程汽油机转速在 500 ~ 600 r/min 时，以海平面为准，进气歧管真空度应在 57.2~ 70.5 kPa，其波动范围，六缸机不超过 3.5 kPa，四缸机不超过 5 kPa。

2. 主要使用性能

①发动机在正常工作温度下，5 s内能起动。柴油机在5 ℃，汽油机在−5 ℃环境下，起动顺利。

②配气相位差不大于2° 30′。

③加速灵敏，速度过渡圆滑，怠速稳定，各工况工作平稳。

④最大功率和最大转矩不低于原厂规定的90%。

⑤最低燃料消耗率不得高于原厂规定。

⑥发动机排放限值应符合 GB 7258—2012《机动车运行安全技术条件》的规定。

一、填空题

1. 发动机的装配应在_____或_____进行。装配过程中应_____和保持较为稳定的室内_____。

2. 发动机在装配过程中，要做到_____不落地，_____不落地和_____不落地，并保持_____、_____和_____的清洁。

3. 装配过程中不得直接用_____击打零件，必要时应垫上_____等。

4. 发动机的磨合可分为_____、_____和_____。

5. 现行的冷磨合润滑方式有_____、_____和_____。

二、选择题

1. 热磨合规范的总磨合时间为（　　）。

    A. 20 ~ 60 min　　　　B. 120 ~ 150 min

    C. 240 ~ 720 min　　　D. 120 ~ 150 h

2. 以下（　　）不是不可互换的零部件。

    A. 各缸活塞连杆组　　B. 轴承盖

    C. 气门　　　　　　　D. 火花塞

3. 冷磨合转速实验中，起始转速为（　　），终止转速为（　　）。

    A. 400 r/min，1 200 r/min

    B. 500 r/min，3 000 r/min

    C. 800 r/min，3 000 r/min

    D. 400 r/min，800 r/min

4. 发动机总成修理竣工一般技术要求如下：各缸压力差，汽油机应不超过各缸平均压力的（　　），柴油机则不超过（　　）。

    A. 8%，10%　　　　　B. 10%，8%

    C. 10%，10%　　　　 D. 10%，15%

5. 活塞的最大侧压力方向在（　　）。

    A. 垂直于活塞销　　　B. 平行于活塞销

    C. 与活塞销成45°　　 D. 任意方向

6. 当某一缸活塞位于压缩行程上止点位置时，其进、排气门（　　）。

    A. 完全关闭　　　　　B. 半开半闭

    C. 完全打开　　　　　D. 一开一闭

三、简答题

1. 发动机装配与调整的基本要求有哪些?

2. 修理竣工的发动机为什么必须经过磨合才能投入正常使用?

3. 发动机修复后的主要使用性能有哪些?